오늘도 사랑으로 인도하시는
# 하나님의 은혜로

지은이 이영식

# 하나님의 은혜로

**초판 1쇄 발행** 2023년 12월 20일

**지은이** 이영식
**펴낸이** 장길수
**펴낸곳** 지식과감성#
**출판등록** 제2012-000081호

**교정** 이주희
**디자인** 서혜인
**편집** 서혜인
**검수** 정은솔, 정윤솔
**마케팅** 김윤길, 정은혜

**주소** 서울시 금천구 빛꽃로298 대륭포스트타워6차 1212호
**전화** 070-4651-3730~4
**팩스** 070-4325-7006
**이메일** ksbookup@naver.com
**홈페이지** www.knsbookup.com

ISBN 979-11-392-1523-6(03230)
값 13,000원

- 이 책의 판권은 지은이에게 있습니다.
- 이 책 내용의 전부 또는 일부를 재사용하려면 반드시 지은이의 서면 동의를 받아야 합니다.
- 잘못된 책은 구입하신 곳에서 바꾸어 드립니다.
- 여기에 사용한 성경전서 개역개정판의 저작권은 (재)대한성서공회에 있습니다.

지식과감성#
홈페이지 바로가기

오늘도 사랑으로 인도하시는

# 하나님의 은혜로

―

지은이 이영식

# 차례

들어가며　　8

## 1장 사랑

1. 서로 사랑하라　　12
2. 긍휼히 여기는 마음　　15
3. 내 영혼이 주를 찾기에 갈급하나이다　　18
4. 사랑은 율법의 완성　　21
5. 네 이웃을 사랑하라　　24
6. 내리사랑　　27
7. 사슴이 시냇물을 찾기에 갈급함 같이　　30
8. 정죄하지 마라　　33

## 2장 기도

1. 받은 셈 치고　　38
2. 골방에서 드리는 기도　　41
3. 심령을 깨끗하게 하는 기도　　44
4. 아버지의 원대로 하옵소서　　47

| 3장 | 감사 | 1. 얼굴을 빛나게 하는 묘약 | 52 |
| | | 2. 너의 길을 여호와께 맡기라 | 55 |
| | | 3. 오뚝이 같은 신앙 | 58 |
| | | 4. 네 마음을 지켜라 | 61 |
| | | 5. 자족하는 마음 | 64 |
| | | 6. 범사에 감사하라 | 67 |

| 4장 | 은혜 | 1. 하나님이 주시는 복 | 72 |
| | | 2. 삼박자 축복 | 75 |
| | | 3. 복 있는 사람 | 78 |
| | | 4. 받는 것보다 주는 것이 복이다 | 81 |
| | | 5. 희망을 주노니 | 84 |
| | | 6. 하나님의 은혜로 | 87 |
| | | 7. 구원에 이르는 길 | 90 |
| | | 8. 구원은 선물이다 | 93 |

## 5장 믿음

1. 겨자씨 한 알만 한 믿음이라도 있다면 … 98
2. 흔들리며 자라는 믿음 … 101
3. 순종하는 믿음 … 104
4. 믿음으로 드리는 제사 … 107
5. 믿음은 바라는 것들의 실상 … 110
6. 소망의 하나님 … 113
7. 흔들리지 않는 믿음 … 116
8. 순종과 믿음은 하나 … 119
9. 행함이 있는 믿음 … 122
10. 우리를 향하신 하나님의 뜻 … 125
11. 하나님의 뜻대로 행하는 자 … 128
12. 분별력이 필요한 시대 … 131

## 6장 우상

1. 우상을 만들지 말라 — 136
2. 우상을 섬기지 말라 — 139
3. 여호와의 이름을 망령되게 부르지 말라 — 142
4. 탐심은 우상 숭배니라 — 145
5. 우상을 멀리하라 — 148
6. 여호와 외에는 다른 이가 없다 — 151

## 7장 그리스도인의 정체성

1. 나는 하나님의 백성이다 — 156
2. 심령이 새롭게 되어 — 159
3. 나는 예수님의 제자다 — 162

## 들어가며

    집안에서 제일 먼저 믿음 생활을 시작했다. 언제부턴인가 어머님도 옆집 집사님을 따라 교회에 다니시기 시작하셨다. 호텔 신축 공사장에서 일하고 받은 임금으로 글씨가 큰 성경과 찬송가를 구입하여 난생처음으로 어머님께 선물을 드렸다. 어머님이 기뻐하시던 모습을 생각하면 이것이 내 평생 가장 큰 효도 선물이었지 않나 싶다.
    아내는 결혼 후 처음으로 교회에 다니기 시작했다. 두 아이를 낳아 믿음으로 키우면서 아내의 믿음도 함께 성장했다.
    그러나 나의 믿음은 앞으로 나가지 못했고, 믿음 생활을 시작한 지 30년이 지났어도 하나님의 은혜를 체험하지 못하며 무늬만 성도로 지내고 있었다.
    그러던 어느 날 예배 중에 내가 하나님을 선택했다는 교만이 내 안에 있음을 알고 깜짝 놀랐다. 누구에게 전도를 받고 교회에 나간 것도 아니고, 어떤 체험이 있었던 것도 아니었다. 그러면서도 여러 종교를 놓고 고민하다가 하나님을 믿기로 하고 교회를 찾았다는 대견함이 내 신앙의 커다란 족쇄였던 것이다.
    어느 순간부터 내가 하나님을 선택한 것이 아니라 하나님이 나를 사랑하셔서 나를 먼저 택하셨다는 것을 확신하면서 내 안의 모든 것이 바뀌기 시작했다. 나의 믿음 생활은 내가 아니라 하나님의 은혜였다는 것을 깨닫는 체험은 나의 삶 전체를 바꾸었다.

    믿음, 기도, 사랑, 죄, 복, 구원, 은혜 등의 말씀을 묵상하기 시작했다. 그동안 정리되지 않고, 이해되지 않던 말씀이 마음속에서 녹아내리기 시작했다. 오늘도 사랑으로 인도하시는 『하나님의 은혜로』는 주님의 말씀을 묵상하면서 떠오르는 생각을 모아 정리한 책이다.

    험난한 세상에서 마음이 교만해지거나 믿음이 나약해질 때마다 꺼내 읽으면서 새 힘을 얻고, 자녀들이 굳건한 믿음 생활 하는 데 이 책이 작은 도움이라도 되었으면 하는 마음을 담아 오늘도 사랑으로 인도하시는 『하나님의 은혜로』를 출간하게 되었다.

    책으로 내기에 부족함이 많았지만 용기를 주시고 부적절한 내용과 용어들을 지적해 주신 영남신학대학교 김한성 교수님께 감사를 드립니다.

    언제나 귀한 말씀으로 흔들림 없이 믿음의 길을 가도록 인도하시는 광주 교회 김철그 담임 목사님께도 감사하다는 말씀을 드립니다.

# 1장

## 사랑

# 1
## 서로 사랑하라

"새 계명을 너희에게 주노니 서로 사랑하라
내가 너희를 사랑한 것 같이 너희도 서로 사랑하라
너희가 서로 사랑하면 이로써 모든 사람이 너희가 내 제자인 줄 알리라"
(요 13:34-35)

　예수님이 말씀하시는 사랑은 빈부귀천, 남녀노소를 차별하지 말고 사랑하라는 무차별적인 사랑을 의미한다.

　공자는 인(仁)이 무엇이라고 구체적으로 설명하지 않았지만 인(仁)을 구성하는 덕목으로는 효(孝), 제(悌), 예(禮), 충(忠), 서(恕) 등이 있다. 사랑이 부모에게 미치면 '효'가 되고, 형제에게 미치면 '우'가 되고 나라에 미치면 '충'이 된다.

　인자(仁者)는 착한 사람을 좋아할 줄 알고 악한 사람을 미워할 줄 아는 사람이다. 결국 인(仁)은 착한 사람은 사랑하고 악한 사람은 미워하는 차별적 사랑을 의미한다.

　인(仁)은 상대가 누구인가에 따라서 사랑하는 방법을 달리한다. 사랑하는 방법은 오랜 시간이 지나면서 형식화된 예(禮)의 형태로 남아 있다.

　착한 사람과 악한 사람을 규정하고 구별하는 문제는 주관이 개입되어 논란의 여지가 있다. 또한 착한 사람으로 구별된 사람은 교만하기 쉽고, 악한 사람으로 구별된 사람은 마음의 상처를 받기 쉽다. 구별하는 사람이나 구별되는 사람이나 참 평안을 누리기가 어렵기는 마찬가지다.

"사랑은 오래 참고 사랑은 온유하며 시기하지 아니하며 사랑은 자랑하지 아니하며 교만하지 아니하며 무례히 행하지 아니하며 자기의 유익을 구하지 아니하며 성내지 아니하며 악한 것을 생각하지 아니하며"(고전 13:4-5) 사랑의 성격과 사랑을 실천하는 방법까지 구체적으로 말씀하고 계신다.

예수님이 말씀하시는 사랑은 사람을 차별하지 않는다. 누구에게나 같은 마음으로 대하는 사랑이다. 상대에 따라 다르게 대하는 사랑이 아니라 사랑하는 사람의 마음의 상태, 곧 오래 참고, 온유하며, 시기하지 않으며, 교만하지 아니한 마음가짐을 말하고 있다. 시대와 장소를 초월해서 사랑하는 사람이 가져야 하는 마음가짐이다.

사랑하면 참 평안을 누릴 수 있고 상처받은 영혼이 치유될 수 있다. 이것은 사랑을 받은 사람도 함께 얻을 수 있는 귀한 선물이다. 사랑은 지치고, 상처받고, 병든 마음을 치유하여 건강한 정신으로 회복시키는 능력이 있다.

***
"아무에게도 악을 악으로 갚지 말고
모든 사람 앞에서 선한 일을 도모하라
할 수 있거든 너희로서는 모든 사람과 더불어 화목하라"
(롬 12:17-18)

# 2
## 긍휼히 여기는 마음

"가난한 자는 그의 형제들에게도 미움을 받거든
하물며 친구야 그를 멀리 하지 아니하겠느냐 따라가며 말하려 할지라도
그들이 없어졌으리라"
(잠 19:7)

"가난한 자를 불쌍히 여기는 것은 여호와께 꾸어 드리는 것이니
그의 선행을 그에게 갚아 주시리라"
(잠 19:17)

재물이 없으면 형제와 친구가 멀어지고 재물이 많으면 주변에 사람이 몰려드는 세태를 말씀하고 계신다. 세상 인심은 재물에 따라 움직인다. 재물은 인간이 생존을 위해 필요한 절대적 수단 중에 하나다. 그러므로 재물에 사람의 마음이 가는 것은 당연한 일인지도 모른다.

그런데 재물은 누군가에겐 넘치고 또 다른 누군가에게는 부족한 게 현실이다. 농업 사회나 자본주의가 고도로 발달한 현재도 빈부 격차는 항상 진행형이다.

잠언 19장 7절 말씀은 빈부 차이로 나타나는 세상의 인심이 그러한즉 가난하게 살지 않도록 지혜롭게 살아야 한다는 교훈의 말씀으로 여겨진다.

주변에 60대 후반의 독신남이면서 90살이 넘은 노모를 봉양하는 사람이 있다. 직업도 없이 노모를 부양하는 독신남의 딱한 처지를 불

쌍하게 여긴 지인이 적은 돈이지만 노모 봉양에 사용하라고 독신남에게 도움을 주었다. 후에 알고 보니 독신남은 작은 빌딩을 소유하고 있고, 빌딩에서 나오는 임대 소득으로 살고 있다는 사실을 알게 되었다. 노모를 봉양하는 아들이 경제적으로 어렵겠다는 생각에 물질적인 도움을 주었지만 사실을 알고서 후회했다고 한다. 돈을 벌거나 재산을 소유하는 형태가 복잡해지면서 가난한 이웃을 구분하기도 어려운 시대다.

그러나 구원의 손길을 기다리는 가난한 자는 우리 주변에 항상 있기 마련이다. "가난한 사람을 학대하는 자는 그를 지으신 이를 멸시하는 자요 궁핍한 사람을 불쌍히 여기는 자는 주를 공경하는 자니라"(잠 14:31) 성경에서는 가난한 자를 학대하지 말고 불쌍히 여기라고 말씀하고 계신다. 불쌍히 여긴다는 말은 긍휼히 여기는 마음이다. 이웃을 사랑하는 사람은 이웃이 어려움에 처할 때에 그를 보고 긍휼히 여기게 된다. 선한 사마리아인 비유를 보면, 한 사마리아인은 강도를 만난 사람을 긍휼히 여겼다. 그는 위험을 무릅쓰고 그를 돕기 위해 헌신적인 수고와 희생을 마다하지 않았다. 어려움을 겪는 사람을 긍휼히 여기며, 기꺼이 도와주는 사람은 여호와께 긍휼을 맡겨 놓는 것과 같다고 성경에서는 말씀하고 계신다. 결국 우리의 선행은 세상으로부터 직접 보상받기보다는 하나님이 긍휼히 여겨 주심으로 받게 된다.

재물에 따라 세상이 움직인다는 사실을 알고 근면 성실하게 일하는 것은 주님의 은혜. 주변을 돌아보고 가난한 이웃에게 긍휼한 마음을 갖고 도움을 주는 것도 주님의 은혜.

*\*\*\**
"긍휼히 여기는 자는 복이 있나니
그들이 긍휼히 여김을 받을 것임이요"
(마 5:7)

# 3
## 내 영혼이 주를 찾기에 갈급하나이다

"나를 사랑하는 자들이 나의 사랑을 입으며 나를 간절히 찾는 자가
나를 만날 것이니라 부귀가 내게 있고 장구한 재물과 공의도 그러하니라"
(잠 8:17-18)

하나님은 사랑이다. 하나님은 이 세상을 사랑하시고 세상을 사랑하시되 세상 안에 있는 하나님의 형상을 닮은 우리를 사랑하신다.

사랑을 받고 응답하는 사람이 있는 반면에 하나님이 사랑을 베풀어 주어도 하나님의 사랑을 인정하지 않거나 하나님의 사랑을 알지만 감사하지 않는 사람도 있다. 그리스도인이면서 하나님과 거리를 두고 교감하지 않는 미지근한 삶의 태도를 취하는 건 죄다.

성경에서는 부귀와 재물과 공의의 근원이 하나님께 있다고 말씀하고 계신다. 하나님은 복의 근원이다.

부귀와 재물을 소유하고 싶은 마음은 하나님을 사랑하는 사람이나 사랑하지 않는 사람이나 다를 바 없다.

그러나 부귀와 재물을 갖고 있어도 그것을 어떻게 바라보느냐에 따라 차이가 있다. 어떤 사람은 부귀와 재물에 절대적 가치를 부여한다. 그들에게 부귀와 재물은 삶의 궁극적 목적이면서 존재 이유이기도 하다.

하지만 하나님을 사랑하는 사람은 부귀와 재물을 상대적 관점으로 접근한다. 어느 누구도 재물과 부에 대한 절대적 소유권을 주장할 수

없다. 모든 것은 하나님이 소유하고 계시며, 인간은 하나님의 소유물을 위탁받아서 소유하고 있다고 생각한다. 부귀와 재물은 삶에 필요한 수단적 존재일 뿐이다.

하나님을 사랑하는 사람에게 주어지는 더 큰 복은 부귀와 재물을 수단적 존재로 여기면서 얻는 평강이다. 평강은 마음에 걱정이 없고 편안함이다.

주님을 사랑하는 사람이 주님의 사랑을 받고, 주님을 간절히 찾는 자가 주님을 만난다. 주님이 계신 곳에는 부귀와 재물과 공의도 함께 있다.

\*\*\*
"아버지께서 나를 사랑하신 것 같이 나도 너희를 사랑하였으니
나의 사랑 안에 거하라 내가 아버지의 계명을 지켜
그의 사랑 안에 거하는 것 같이
너희도 내 계명을 지키면 내 사랑 안에 거하리라"
(요 15:9-10)

# 4
## 사랑은 율법의 완성

"피차 사랑의 빚 외에는 아무에게든지 아무 빚도 지지 말라
남을 사랑하는 자는 율법을 다 이루었느니라"
(롬 13:8)

"사랑은 이웃에게 악을 행하지 아니하나니
그러므로 사랑은 율법의 완성이니라"
(롬13:10)

세상 모두 사랑 없어
세상 모두 사랑 없어 냉랭함을 아느냐 곳곳마다 사랑 없어 탄식 소리뿐일세
곳곳마다 번민함은 사랑 없는 연고요 측은하게 손을 펴고 사랑받기 원하네
어떤 사람 우상 앞에 복을 빌고 있으며 어떤 사람 자연 앞에 사랑 요구하도다
기갈 중에 있는 영혼 사랑받기 원하며 아이들도 소리 질러 사랑받기 원하네

**(찬송가 503장)**

이 찬송가의 원제목은 「Do you know the world is dying?」이다. "당신은 세상이 죽어 가고 있다는 것을 아십니까?"로 번역할 수 있다. 물질 만능 세태가 가져온 현실의 모습을 적나라하게 표현한 찬송가 가사다. 경제적 효율성이 중요한 사회가 되면서 사랑은 더욱 메말라 가고 있다.

이 세상은 탄식하고, 낙망하고, 우상 앞에 복을 빌고, 영혼은 기갈 중에 있다. 죽어 가고 있는 세상은 사랑받기를 원하고 있다. 측은하게

손을 펴는 이에게 예수 그리스도를 통한 하나님의 사랑이 필요하다.

많은 율법이 있지만 율법을 완성하는 방법은 서로 사랑하는 것이다. 간음을 하지 않는 유일한 방법은 이웃 사랑이다. 살인을 하지 않는 유일한 방법도 사랑을 실천하는 것이다. 남의 것을 도적질하지 않고 탐내지 않는 유일한 방법도 사랑을 적극적으로 실천하는 길밖에는 다른 방법이 없다는 것이다.

율법을 지키려고 노력하면 할수록 마음속에 자리 잡은 죄의 속성과 갈등하게 된다. 율법을 지키려는 의지는 죄의 속성을 항상 극복할 수 없다. 그것이 인간의 한계다. 그러나 사랑은 죄의 속성을 잠잠케 하는 능력이 있다. 그러므로 사랑하는 마음을 갖고 사랑을 실천하면 하나님이 우리에게 주신 모든 율법을 지킬 수 있으므로 사랑은 율법을 완성하는 유일한 수단이다.

하나님은 우리와 같이 음성으로 대화를 나누거나 어떤 형상으로 보여 주시는 분이 아니다. "어디서든지 신을 본 사람은 없지만 우리가 서로 사랑할 때 그곳에 신이 머문다."라고 톨스토이가 말했듯이 사랑한다는 것은 하나님과 동행하는 것이다. 우리가 서로 사랑할 때 성령 하나님께서 나와 동행하시어 죄의 속성을 잠잠케 하므로 율법이 완성된다. 그러므로 사랑은 율법의 완성이다.

*\*\*\**

"예수께서 이르시되 네 마음을 다하고 목숨을 다하고
뜻을 다하여 주 너의 하나님을 사랑하라 하셨으니
이것이 크고 첫째 되는 계명이요 둘째도 그와 같으니
네 이웃을 네 자신 같이 사랑하라 하셨으니
이 두 계명이 온 율법과 선지자의 강령이니라"
(마 22:37-40)

# 5
## 네 이웃을 사랑하라

"네 마음을 다하고 목숨을 다하고 뜻을 다하고
힘을 다하여 주 너의 하나님을 사랑하라 하신 것이요
둘째는 이것이니 네 이웃을 네 자신과 같이 사랑하라 하신 것이라
이보다 더 큰 계명이 없느니라"
(막 12:30-31)

"가까운 이웃이 먼 사촌보다 낫다."라는 속담이 있다. 농업 사회에서는 농사를 짓기 위해 가까운 이웃과 협동이 필요하였고, 이웃집과 눈을 마주치고 상부상조하며 사는 것이 유용하였기에 이런 속담이 피부에 와닿았을 것이다.

그러나 이제는 먼 나라 이야기처럼 들리기도 하는 말이다. 요즈음은 개인주의가 만연하고 아파트 주거가 보편화되어 이웃이라는 단어가 예전처럼 친근하게 다가오지 않는다. 오히려 층간 소음이나 주차 문제로 이웃과 다툼을 벌이며 소원한 관계로 지내는 경우가 비일비재한 세상이 되었다.

예수님이 강도 만난 사람을 예로 들어 말씀하셨다. 어떤 사람이 여리고로 가다가 강도를 만나 거의 죽게 내버려진 것을 보고 제사장과 레위인은 그냥 지나갔지만 사마리아 사람은 주막까지 데리고 가서 특별히 보살펴 주었다. 예수님은 이 세 사람 중에 강도를 만난 자의 이웃은 도움을 필요로 하는 사람에게 도움을 주었던 사마리아인이라

고 말씀하셨다.

　우리는 이웃을 거리상으로 가까운 곳에 함께 거주하는 사람들이라고 생각하지만 예수님에게 이웃은 어려운 상황에 처한 사람을 도와주는 사람이다.

　네 이웃을 네 자신과 같이 사랑하라는 말씀이 나보다 가난한 사람을 보면 도와주고, 병든 자를 만나면 위로하고, 불쌍한 사람에게는 자비를 베푸는 것이라면 제대로 실천할 수 있는 사람이 얼마나 있을까? 어쩌면 실천으로 옮기기 어려운 이상적인 말씀에 불과할 수도 있다.

　성경에는 하나님 백성들이 이웃과 어떤 관계를 맺고 살아야 하는지 자세히 기록되어 있다. 레위기에 이웃에 대하여 속이지 말며, 거짓말하지 말며, 거짓 맹세 하지 말며, 학대하지 말며, 착취하지 말며, 일꾼의 품삯을 하룻밤 넘기지 말며, 귀먹은 자를 저주하지 말며, 맹인 앞에 장애물을 놓지 말며, 공의로 재판하며, 타인을 비방하지 말며, 이웃의 생명을 위태롭게 하지 말며, 네 형제를 마음으로 미워하지 말며, 네 이웃을 반드시 견책하며, 원수를 갚지 말며, 동포를 원망하지 말라고 말씀하고 계신다.

　이웃을 자신처럼 사랑한다는 것은 베풀고, 나눠 주고, 봉사하고, 약자 편에 서는 어떤 거창한 것이 아니라 남에게 피해를 끼치지 않는 것이라고 말씀하고 계신다. 도움이 필요한 사람에게 도움을 주고, 이웃에게 악을 행하지 않는 것이 이웃을 자기 몸처럼 사랑하는 것이라면 '이웃 사랑'은 멀리 있지 않고 우리 가까이에 있음을 알 수 있다.

*＊＊＊*
"너는 네 형제를 마음으로 미워하지 말며 네 이웃을 반드시 견책하라
그러면 네가 그에 대하여 죄를 담당하지 아니하리라
원수를 갚지 말며 동포를 원망하지 말며 네 이웃 사랑하기를
네 자신과 같이 사랑하라 나는 여호와이니라"
(레 19:17-18)

# 6
## 내리사랑

---

"너희는 그 은혜에 의하여 믿음으로 말미암아 구원을 받았으니
이것은 너희에게서 난 것이 아니요 하나님의 선물이라
행위에서 난 것이 아니니 이는 누구든지 자랑하지 못하게 함이라"
(엡 2:8-9)

부모는 자녀에게 한없는 사랑을 베풀어 준다. 어떤 학자는 부모가 자녀에게 주는 사랑을 100이라고 할 때, 자녀가 부모에게 주는 사랑은 70 정도라고 한다.

이와 같이 부모가 자녀에게 주는 사랑은 철저한 내리사랑이다.

하나님은 부모가 자녀에게 주는 은혜와 비교되지 않을 정도의 큰 은혜를 내려 주신다. 하나님이 주시는 은혜는 우리를 다스려 하나님의 일을 하게 하고, 구원을 얻어 영원한 생명의 길로 인도하여 주시는 큰 사랑이다.

부모를 믿고 따를 때에 부모의 사랑을 자녀가 온전히 받을 수 있듯이 하나님을 전적으로 신뢰하는 믿음이 있어야 하나님이 주시는 은혜를 온전히 받을 수 있다.

은혜는 우리의 삶을 지탱해 주는 하나님의 능력이다. 그러므로 하나님을 믿는 자녀는 하나님께 받은 은혜에 따라 자유롭게 사유하며 창의적인 사고를 할 수 있고, 하나님의 능력이 함께하시기 때문에 담대함을 갖고 어떤 일도 능히 감당할 수 있다.

하나님이 믿는 자에게 주시는 사랑도 철저한 내리사랑이다. 행위에서 난 것이 아니요, 아무 공로 없어도 믿는 자에게 내려 주시는 하나님의 선물이다. "아무 공로 없이 구원함을 얻어 하나님의 자녀 지금 되었네. 주의 그 사랑 한량없도다. 찬송할지어다 예수의 공로"(찬송가 284장)

*＊＊＊*
"하나님이 그 아들을 세상에 보내신 것은
세상을 심판하려 하심이 아니요 그로 말미암아
세상이 구원을 받게 하려 하심이라"
(요 3:17)

# 7
## 사슴이 시냇물을 찾기에 갈급함 같이

"하나님이여 사슴이 시냇물을 찾기에 갈급함 같이
내 영혼이 주를 찾기에 갈급하니이다
내 영혼이 하나님 곧 살아 계시는 하나님을 갈망하나니
내가 어느 때에 나아가서 하나님의 얼굴을 뵈올까"
(시 42:1-2)

어떤 사람이 사막을 여행하다 물이 떨어졌다. 물을 찾아 헤매다가 짐 꾸러미 하나를 발견하고 물이 있는가 싶어 뛰어가서 열어 보았더니 그 속에는 엄청나게 비싼 보석들이 가득 들어 있었다. 나그네는 외쳤다. "겨우 다이아몬드야. 겨우 진주야." 목마른 사람에게는 물만이 절실할 뿐 금은보화조차도 시시해 보인다.

시편 42편은 다윗이 압살롬의 반역으로 요단강을 건너 마하나임에서 피난 생활 할 때 지은 시다. 아들이 보낸 군대에 쫓기고 있는 상황에서도 다윗은 목이 마른 사슴이 시냇물을 찾기에 갈급하듯이 자신의 영혼이 하나님을 찾기에 갈급한 사람이 되기를 원했다.

다윗은 지금 자신이 누렸던 호화롭고 아름다운 자신의 왕궁과 보좌를 갈망하고 있는 것이 아니다. 아들에 대한 배신감에 치를 떨고 있어야 할 그 순간에도 그는 하나님을 목말라하고 있다.

사람의 운명은 갈급함이 만들어 가며 갈급함에 이끌려 간다. 돈이나 명예나 권력이나 지식 등은 갈급한 마음으로 찾는 사람을 섬긴다.

갈급하지도 않은 사람을 주인으로 섬기는 법은 없다.

　오늘의 나는 어제의 갈급함의 결과이며 열매다. 그리고 내일은 오늘의 갈급함의 결과이며 열매다. 인간에게 갈급함이 없었다고 하면 앞으로 나가는 것을 멈추고 제자리에 있거나 뒤로 후퇴했을 게다.

　파수꾼이 새벽이 오기를 고대하듯이 갈급한 마음으로 하나님을 찾아야 한다. 사슴이 시냇물을 찾기에 갈급함같이 하나님을 찾았던 다윗은 압살롬의 반란을 진압하고 왕궁으로 돌아갈 수 있었다.

　오늘날 사회가 다변화되고 절대적 가치보다는 상대적 가치를 추구하면서 청년들의 관심도 다양해지고 있다. 청년들이 영혼 구원보다도 갈급함을 갖는 분야가 많아지면서 교회에서 청년을 보기 어려워지는 현실이 안타깝다.

　지금 추구하는 현실이 만족스럽다 하더라도 방향이 잘못되지 않았는지 돌아봐야 한다. 하나님을 찾으면 올바른 길을 찾아갈 수 있다. 우리들이 주님을 떠나서 이 세상의 것을 갈급한 마음으로 찾는 것은 터진 웅덩이를 파는 것과 다름이 없다. 갈급한 마음으로 생수의 근원이 되신 주님을 찾고 찾아야 할 때이다.

\*\*\*
"나를 사랑하는 자들이 나의 사랑을 입으며
나를 간절히 찾는 자가 나를 만날 것이니라"
(잠 8:17)

# 8
## 정죄하지 마라

"대답하되 주여 없나이다 예수께서 이르시되
나도 너를 정죄하지 아니하노니 가서 다시는 죄를 범하지 말라 하시니라
예수께서 또 말씀하여 이르시되 나는 세상의 빛이니
나를 따르는 자는 어둠에 다니지 아니하고 생명의 빛을 얻으리라"
(요 8:11-12)

음행 중에 잡힌 여인을 서기관들과 바리새인들이 예수님께 끌고 와서 율법에는 이러한 여자를 돌로 치라 명하였는데 선생은 어떻게 처리하겠느냐고 물었다. 예수님이 너희 중에 죄 없는 자가 먼저 치라고 말씀하시자 어른으로 시작하여 젊은이까지 모두 그 자리를 떠났다.

여자만 남게 되자 예수님은 나도 너를 정죄하지 아니한다고 말씀하셨다. 결국 여자는 누구에게도 정죄받지 아니하고 돌아가게 되었다.

율법에 따라 간음한 남자와 여자는 돌로 쳐 죽여야 한다고 생각하는 서기관들과 바리새인들에게 끌려오면서, 여자는 두려움과 공포 속에서 몸서리쳤을 것이다. 죽을 수도 있다는 극단적인 생각으로 온몸이 굳고 사시나무 떨듯 떨었을 게다. 그러나 간음으로 붙잡혀 온 여자에게 극적 반전이 일어났다. 예수님에 의해 정죄받지 않을 수 있었던 것이다. 다시는 죄를 범하지 말라는 말씀을 듣고 돌아서던서 그 여자는 어둠의 계곡을 벗어나 생명의 빛을 보는 환희의 순간을 경험했을 것이다.

간음한 남녀는 돌로 쳐 죽이라는 율법은 그만큼 간음이 중한 죄이

므로 절대로 간음하지 말라는 깨달음을 주기 위함이다. 율법은 죄를 판단하는 기준이다. 그러므로 율법을 모르면 죄를 알 수 없다. 죄를 올바로 알아야 올바른 구원의 길을 찾을 수 있기에 시편 기자는 율법을 주야로 묵상하는 자는 복이 있다고 하였다.

만일 간음한 여자가 정죄를 받았다면 죄책감, 분노, 모욕감, 삶에 대한 회의, 암울함, 낙인에 대한 짓눌림에서 오는 심적인 고통을 감당하기 어려웠을 것이다. 남을 정죄하기는 쉽지만 정죄받는 사람은 평생 동안 고통을 짊어지고 가야 한다.

"너희 중에 죄 없는 자가 먼저 돌로 치라"(요 8:7) 예수님은 돌 던질 자격을 묻고 있다. 먼저 돌을 던지려면 죄가 없다는 확신이 있어야 한다. 내 안에 죄가 있는데 누군가 죄가 있다고 그에게 돌을 던진다면 자신의 죄에 대해서도 누군가가 돌을 던질 수 있다. 그러므로 남을 정죄하지 말아야 한다.

예수님은 "나도 너를 정죄하지 아니하노니"(요 8:11)라고 말씀하셨다. 정죄는 해결책이 아닐 뿐더러 열매가 없기 때문이다. 누군가의 죄를 밝혀 지적하고 따진다고 하여도 그의 삶은 바뀌지 않는다. 오히려 마음의 상처만 생길 뿐이다. 그보다는 용서와 긍휼이 자신의 삶을 돌아보게 함으로써 새사람으로 거듭나는 계기를 만들어 줄 수 있다.

정죄는 하나님의 영역이다. 사람은 남의 눈에 있는 티끌은 보고, 자기 눈의 대들보는 보지 못할 만큼 미련한 존재다. 우리는 죄가 있지만 의인이라는 칭함을 받았다. 그러므로 남을 정죄하거나 자신을 정죄하는 것은 하나님의 긍휼을 저버리는 불신앙의 길이다. 사랑과 용서가 답이다.

\*\*\*
"네게 있는 믿음을 하나님 앞에서 스스로 가지고 있으라
자기가 옳다 하는 바로 자기를 정죄하지 아니하는 자는 복이 있도다"
(롬 14:22)

# 2장

## 기도

# 1
## 받은 셈 치고

"그러므로 내가 너희에게 말하노니 무엇이든지 기도하고 구하는 것은
받은 줄로 믿으라 그리하면 너희에게 그대로 되리라"
(막 11:24)

　조수미는 명지휘자 카라한으로부터 "신이 내린 목소리"라는 극찬을 받은 세계적인 오페라 가수다. 그녀는 경남 창원의 시골 마을에서 태어났다. 입고 싶고, 먹고 싶은 것도 많았지만 어린 시절 어느 것 하나 제대로 얻을 수 없는 가정 환경이었다.
　천주교 신자였던 어머니는 어린 딸의 마음을 알고 우리가 하나님께 기도한 것은 받은 줄로 믿고 "받은 셈 치고 살자." 하며 달랬다. 조수미는 어머니의 말씀에 따라 원하는 것을 기도한 후에는 "없지만 있는 셈 치고 살기 시작했다."라고 KBS「대화의 희열」에 출연해 고백했다.
　이탈리아 유학 생활은 인종 차별이 무엇보다도 그녀를 힘들게 했다. 하지만 그녀는 차별 대우 하는 동료에게 상처받기보다는 자신을 따뜻하게 대해 준다는 '셈 치고' 오히려 따뜻한 마음을 갖고 그들에게 다가갔다. 하나님께 기도한 것은 '받은 셈 치고 살자'는 그녀의 믿음 생활은 항상 긍정적인 마인드를 갖고 공부에 전념할 수 있도록 해 5년 기간의 과정을 2년 만에 졸업하는 영광을 얻었다.
　꿈에 그리던 데뷔 첫 무대에서 그녀는 떨리는 마음보다 행복한 마음으로 자신 있게 열창을 했다. 데뷔를 원하는 소망을 기도한 후에는

'데뷔한 셈 치고' 데뷔했다고 상상하며 연습을 해 왔기에 긴장과 두려움 없이 므대에 설 수 있었다고 한다. 그녀를 세계적인 오페라 가수로 우뚝 서게 한 것은 없는 것을 탓하며 의기소침하지 아니하고 "무엇이든지 기도하고 구하는 것은 받은 줄로 믿으라"라는 성경 말씀을 믿고, 어린 시절부터 해 오던 '받은 셈 치고'의 믿음 생활이었다.

\*\*\*
"내가 진실로 너희에게 이르노니
누구든지 이 산더러 들리어 던져지라 하며
그 말하는 것이 이루어질 줄 믿고
마음에 의심하지 아니하면 그대로 되리라"
(막 11:23)

# 2
## 골방에서 드리는 기도

> "또 너희는 기도할 때에 외식하는 자와 같이 하지 말라
> 그들은 사람에게 보이려고 회당과 큰 거리 어귀에 서서
> 기도하기를 좋아하느니라 내가 진실로 너희에게 이르노니
> 그들은 자기 상을 이미 받았느니라 너는 기도할 때에
> 네 골방에 들어가 문을 닫고 은밀한 중에 계신 네 아버지께 기도하라
> 은밀한 중에 보시는 네 아버지께서 갚으시리라"
> (마 6:5-6)

예수님은 외식하는 자와 같이 기도하지 말라고 말씀하셨다. '외식하는 자'는 연기하는 자 또는 위선자를 의미한다. 사람들이 많이 지나다니는 회당과 큰 거리 어귀에서 남을 의식하며 기도하는 사람은 위선자와 같다는 말씀이다.

골방에서 하는 기도는 누구에게도 방해받지 않는 공간에서 자신만을 위한 시간을 갖고 하는 기도다. 그렇게 하는 기도는 은밀한 중에 보시는 하나님께서 갚아 주신다고 말씀하셨다.

하나님은 번잡한 곳에는 안 계시고, 은밀한 곳에만 계시는 분이 아니다. 하나님은 우주 만물 어느 곳에나 계신다. 그럼에도 예수님이 번잡한 곳을 피하고 골방에서 기도하라고 하시는 데는 이유가 있다.

문제는 기도하는 사람에게 있다. 외식하는 기도는 하나님보다 자신을 드러내는 교만한 마음을 갖고, 내면보다 외면을 바라보고 기도하

게 된다. 주님은 세상을 향한 나의 주장을 줄이고 은밀한 중에 계시는 주님께 드리는 기도를 원하신다. 골방에서 드리는 기도는 우리의 마음이 온전히 하나님만을 향해 활짝 열려 있는 기도다.

골방에서 하는 기도는 내 자아와 주장을 버리고, 오직 하나님만을 바라보며 나아가는 기도다. 하나님을 향한 마음이 전적으로 열려 있을 때에 우리는 기도하는 가운데 하나님의 사랑을 체험하고 경험할 수가 있다.

은밀한 곳에서 마음으로 하나님께 드리는 기도는 성령님께서 역사하신다. 보지 못하던 것을 보게 하시고, 깨닫지 못하던 것을 깨닫게 하시고, 예견하지 못하던 것을 예견하게 하시는 능력을 덧입혀 주셔서 속사람이 날로 새로워지는 복을 받는다.

\*\*\*
"이러므로 내가 하늘과 땅에 있는 각 족속에게
이름을 주신 아버지 앞에 무릎을 꿇고 비노니
그의 영광의 풍성함을 따라 그의 성령으로 말미암아
너희 속사람을 능력으로 강건하게 하시오며"

(엡 3:14-16)

# 3
## 심령을 깨끗하게 하는 기도

> "거역하는 자를 온유함으로 훈계할지니 혹 하나님이 그들에게 회개함을 주사 진리를 알게 하실까 하며 그들로 깨어 마귀의 올무에서 벗어나 하나님께 사로잡힌 바 되어 그 뜻을 따르게 하실까 함이라"
> (딤후 2:25-26)

세례 요한은 요단강 계곡으로 몰려드는 유대인을 향해 "회개하라 천국이 가까이 왔느니라"(마 3:2)라고 선포하면서 하나님 말씀을 전파하기 시작했다. 예수님도 성령에게 이끌리어 광야로 가셔서 마귀에게 시험을 받고 이기신 후에 "회개하라 천국이 가까이 왔느니라"(마 4:17)라는 말씀을 시작으로 비로소 하나님 말씀을 전파하기 시작하셨다.

복 받기를 원하는 자는 나를 따르라고 외쳐야 많은 사람이 몰려올 텐데, 회개하라는 말씀을 처음으로 대중에게 선포하신 것을 보면 믿음 생활에서 '회개'가 갖는 중요성을 일깨워 준다.

'회개'의 사전적 의미는 '잘못을 뉘우치고 고치는 것'이다. 이를 너무 도덕적 차원에서 행위 중심으로 이해하다 보면 "회개하라."라고 하면 "내가 무엇을 잘못했는데?"라는 반발하는 말이 먼저 나온다. 하지만 성경에서 말하는 '회개'는 조금 다른 의미다.

'나캄'은 '뉘우친다', '슈브'는 '돌아선다'는 의미로 사용된 단어인데 구약 성경에서는 이를 '회개'라는 단어로 옮겼다. '메타노이아'는

'마음의 변화', '에피스트로페'는 '행동의 변화'를 의미하는 단어인데 신약 성경에서는 이 역시 '회개'라는 말로 옮겼다.

그러므로 구약에서 '회개'는 하나님을 등지고 떠난 자에게 뉘우치고 하나님께 돌아오라는 의미로 쓰였고, 신약에서 '회개'는 자신의 삶에 대한 깊은 성찰을 통해 자신의 생각과 말 그리고 행동을 바꾸라는 의미로 사용하였다.

회개하면 우리의 영안이 밝아지고 진리를 알게 되며 마귀의 올무에서 벗어나 하나님께로 돌아가는 은혜를 받는다. 회개는 하나님 앞에서 정결하고 깨끗하게 사는 축복의 문이며 천국으로 가는 지름길이다.

그러나 회개하는 기도를 드리려고 무릎을 꿇으면 핑곗거리가 먼저 앞을 가로막는다. '난 아직 어리잖아.', '내가 잠깐 실수한 거야.', '살다 보면 그럴 수도 있지.', '다른 사람도 그렇게 하는데 왜 나만 문제가 되는 거야?', '원래 내 의도는 그런 게 아니었어.', '나는 최선을 다했을 뿐이야.', '그 문제에 왜 죄책감을 가져야 하지?' 등 핑계가 핑계를 부른다. 하지만 이러한 핑계의 유혹을 떨치고 회개의 자리에 서야 한다.

거울은 닦을수록 깨끗해져 잘 보이듯이 '회개'는 할수록 심령이 깨끗해져 하나님께 더 가까이 가게 된다.

무엇을 얻기 위한 기도는 때로는 욕심을 채우려는 기도가 될 수 있다. 반면에 회개 기도는 하면 할수록 심령이 청결해져 보이지 않던 것이 보이고 생각하지 못했던 것이 생각나며 마귀의 올무에서 벗어나 하나님께 사로잡히는 영광을 얻는다.

\*\*\*
"그러므로 너희가 회개하고 돌이켜 너희 죄 없이 함을 받으라
이같이 하면 새롭게 되는 날이 주 앞으로부터 이를 것이요"
(행 3:19)

# 4
## 아버지의 원대로 하옵소서

"조금 나아가사 얼굴을 땅에 대시고 엎드려 기도하여 이르시되
내 아버지여 만일 할 만하시거든 이 잔을 내게서 지나가게 하옵소서
그러나 나의 원대로 마시옵고 아버지의 원대로 하옵소서 하시고"
(마 26:39)

대학수학능력시험이 다가오면 입시생 자녀가 있는 학부모는 더욱 열심히 기도하고, 교회에서는 40일 또는 100일 작정 기도회를 마련하기도 한다. 시험을 잘 치르기를 기원하는 소망과 시험을 잘 치르지 못하면 어쩌나 하는 불안감이 기도의 자리에 앉게 했을 것이다.

이런 모습을 보던 조선 시대에 과거 시험을 보는 아들을 위해 새벽마다 장독대 앞에 정화수를 떠 놓고 빌던 어머니들의 모습이 떠오른다. 자녀의 성공을 갈망하는 마음은 예나 지금이나 변함이 없다.

이처럼 입시 철이 되면 불붙는 기도의 열기는 정성을 다해 빌기만 하면 천지신명이 감동하여 소원을 들어줄 것이라고 믿는, 뿌리 깊은 기복 신앙의 연장선상에 있는 것은 아닌지 돌아보게 된다.

기복 신앙은 재물, 무병장수, 자손의 성공 등과 같은 육신의 욕심을 채우기 위한 현세적인 신앙이다. 신앙의 대상은 산이나 바위와 같은 자연물이나 조상신, 귀신 등 다양하다. 말씀에 대한 순종과 같은 종교성과 윤리성은 없고 무조건 달라고 매달리는 신앙이다.

육신의 욕심을 채우기 위해 하나님께 드리는 기도는 기복 신앙과

크게 다를 바 없다. 하나님을 자신의 욕망을 채우는 도구로 전락시키고 있기 때문이다. 그리스도인의 기도는 우리의 생각을 하나님께 올리는 것이 아니라, 하나님의 뜻을 우리가 이루어 드리는 것이다.

"그런즉 너희는 먼저 그의 나라와 그의 의를 구하라 그리하면 이 모든 것을 너희에게 더하시리라"(마 6:33) 먼저 하나님 나라와 하나님의 의를 구하라는 말씀이다. 주께서 우리에게 있어야 할 것을 알고 계시므로 일어날 일에 대해 근심하거나 두려워하지 말고 모든 것을 온전히 주님께 맡기고 하나님 나라와 의를 먼저 구하는 믿음을 가져야 한다는 말씀이다.

구할 것을 알고 채워 주시는 주님께 모든 것을 맡기는 것은 성숙한 믿음이다. 우리가 필요로 하는 것을 채워 주시는 주님께 맡기는 부모의 기도가 오히려 자녀들이 학업에 몰입하게 할 수 있고, 시험장에서는 자신의 실력을 아낌없이 발휘하게 할 수 있다고 믿는 성숙한 믿음이 필요하다.

\*\*\*
"나의 하나님이 그리스도 예수 안에서 영광 가운데
그 풍성한 대로 너희 모든 쓸 것을 채우시리라"
(빌 4: 19)

# 3장

감사

# 1
## 얼굴을 빛나게 하는 묘약

"마음의 즐거움은 양약이라도 심령의 근심은 뼈를 마르게 하느니라"
(잠 17:22)

"마음의 즐거움은 얼굴을 빛나게 하여도
마음의 근심은 심령을 상하게 하느니라"
(잠 15:13)

한 서양인이 동남아시아에서 삭발을 하고 수행자가 되었다. 어느 날 현지인 수행자들과 함께 트럭 짐칸에 타고 시골길을 지나가게 되었다.

트럭이 웅덩이를 지날 때마다 차가 덜컹거리면, 사람들은 위로 솟구치며 지붕을 가로지른 쇠막대에 머리를 세게 부딪치곤 했다. 몹시 아팠던 서양인은 부딪칠 때마다 욕설을 퍼부었다. 그럴수록 기분은 더 나빠졌다.

그런데 현지인 수행자들은 머리를 부딪칠 때마다 서로를 쳐다보며 웃음을 터트리고 있었다. 이를 이상하게 생각하던 서양인 수행자는 그들처럼 소리 내어 웃어 보기로 했다. 그는 웃으니까 훨씬 덜 아프다는 놀라운 사실을 발견했다. 웃음이 통증을 완화시킨 것이다.

가깝게 지내는 친구와 걸으면 먼 길이라도 피곤치 않다. 즐거운 대화와 웃음꽃을 피우며 걷다 보면 목적지가 바로 눈앞이다. 같은 길을 걷지만 마음 상태에 따라서 쉽고 편한 길로 기억에 남기도 하고, 기억하고 싶지 않은 힘든 길이 되기도 한다.

성경에서는 "마음의 즐거움은 양약"(잠 17:22)이라고 말씀하고 계신다. '양약(계하)'은 치유나 건강을 의미한다. 마음이 즐거우면 통증을 잊게 할 정도로 강력한 진통제 역할을 하는 엔도르핀이 쿤비되어 행복감과 기분 전환 등을 유발한다는 사실은 의학적으로도 입증되었다.

즐거운 마음은 영혼과 몸을 건강하게 만들고, 병든 영혼과 육신을 치유해 준다. 때로는 즐거운 마음은 불치병조차 낫게 하는 힘이 있다고 한다. 그러므로 자신의 마음을 관리하고 즐거운 상태를 유지할 필요가 있다. 주님은 성령을 통해서 우리의 영혼과 마음을 온전케 해 주시고, 세상이 줄 수 없는 평안을 누릴 수 있게 하신다. 주님을 바라보는 성도들은 하나님의 신실하심을 믿음으로 어떤 환경에서도 평안을 얻을 수 있다. 그리고 이러한 평안은 우리의 영혼과 육신을 강하고 건강하게 만들어 준다.

성경에서는 심령의 근심은 뼈를 마르게 한다고 말씀하고 계신다. 근심은 우리를 불안하게 만들고, 육신을 쇠약하게 만든다. 염려와 근심은 우리 영혼과 몸에 치명적인 독이다. 그러므로 주님은 오늘 염려는 오늘에 족하고 내일 일은 내일 염려하라(마 6:34)고 제자들에게 가르치셨다.

자족하며 감사하는 마음이 역경 속에서도 평안하고 즐거운 마음을 갖게 한다 마음의 즐거움은 영혼과 몸을 건강하게 만들고 얼굴을 빛나게 하는 묘약이다.

\*\*\*
"마른 떡 한 조각만 있고도 화목하는 것이
제육이 집에 가득하고도 다투는 것보다 나으니라"
(잠 17:1)

# 2
## 너의 길을 여호와께 맡기라

"또 여호와를 기뻐하라 그가 네 마음의 소원을 네게 이루어 주시리로다
네 길을 여호와께 맡기라 그를 의지하면 그가 이루시고
네 의를 빛 같이 나타내시며 네 공의를 정오의 빛 같이 하시리로다"
(시 37:4-6)

컵 안에 있는 공기를 모두 빼내려면 어떻게 해야 할까? 공기 펌프로 컵 안의 공기를 뺀다면 컵은 진공 상태가 되어 깨져 버린다. 컵 안의 공기를 빼내려고 하기보다는 오히려 주전자로 물을 컵에 채운다면 컵 안에 공기는 남지 않게 된다.

예수님을 믿고 마음속에 있는 모든 죄를 자복하고 회개하며 마음을 비우고 살려고 노력해도 샬롬은 오래가지 않는다. 마음을 깨끗이 비우기는 했지만 전부터 마음속에서 주인 노릇 하던 것들이 언젠가 슬며시 마음속으로 다시 들어와 주인 행세를 하면서 마음을 비우기 전의 자신으로 돌아간다.

그러므로 컵 안의 공기가 물을 채우면 빠져나오듯이 우리 마음에도 무엇인가를 채워야 한다. 우리는 예수님을 믿는 믿음을 항상 마음 가득 채워야 한다.

기독교는 채움의 종교다. 기독교는 믿음을 채움으로 죄로 가득한 마음을 비우게 만든다. 빛이 찾아오면 어둠이 사라지는 것처럼 말이다.

비움을 강조하는 종교도 있다. 마음을 비우면 일시적인 평화를 얻

을 수는 있지만 그 평화는 오래가지 않는다. 마음 밖으로 나갔던 죄의 속성은 비어 있는 마음에 스멀스멀 다시 파고들어 평화를 얻기 전의 마음 상태로 돌아간다.

우리는 마음을 비우기보다 채우기 위해 노력해야 한다. 믿음과 소망과 사랑으로 마음을 채워야 한다. 하나님의 말씀으로 채워야 한다. 기도와 찬송으로 채워야 한다. 기쁨과 감사를 마음에 채워야 한다. 온유와 긍휼 그리고 화평을 채워야 한다. 성령을 마음 가득하게 채워야 한다.

성경에서는 "대저 그 마음의 생각이 어떠하면 그 위인도 그러한 즉"(잠 23:7)라고 말씀하고 계신다. 이것은 그 사람의 마음속에 품고 있는 생각이 곧 그 사람의 모습이라는 뜻이다. 그 사람의 됨됨이를 알려면 그 사람의 마음과 생각을 보면 안다는 말이다.

우리는 눈에 보이는 현상에 따라 가지게 되는 생각이 전부라고 생각한다. 홍해 앞 이스라엘 백성들이 그랬고, 가나안을 정탐한 12명의 정탐꾼들 중에 여호수아와 갈렙을 제외한 10명의 정탐꾼들이 그랬다. 눈앞에 보이는 현상을 보고 그들은 도저히 희망이 없다고 생각했다. 현재의 상황만을 바라보지 말고 하나님을 바라보아야 한다. 모든 삶과 역사는 하나님의 손에 달려 있기 때문이다.

사람의 인생은 누가 삶의 운전석에 앉아서 운전을 하느냐에 따라서 결정된다. 지금까지 육신의 욕망을 쫓는 자신이 운전대를 잡고 살았는지, 아니면 예수님께 마음의 조정실 열쇠를 드리고 살았는지 돌아보아야 한다.

***
"너의 행사를 여호와께 맡기라 그리하면
너가 경영하는 것이 이루어지리라"

(잠 16:3)

# 3
## 오뚝이 같은 신앙

"여호와께서 사무엘에게 이르시되 그의 용모와 키를 보지 말라
내가 이미 그를 버렸노라 내가 보는 것은 사람과 같지 아니하니
사람은 외모를 보거니와 나 여호와는 중심을 보느니라 하시더라"
(삼상 16:7)

인생에는 많은 짐들이 있다. 사람마다 짐의 종류도 다양하고 무게도 서로 다르다. 자녀, 직업, 건강, 경제, 인간관계 등이 짐이 되어 허우적거리며 가는 것이 사람이 사는 모습이다.

어려운 문제에 부딪치면 처음에는 너무도 힘에 겨워 무거운 짐을 내려놓는 때가 속히 오기를 소망하면서 하루하루를 살아가는 것이 인생이다.

그러나 이 모든 짐보다 더 심각하고 무거운 짐은 바로 죄의 짐이다. 죄의 삯은 사망, 곧 영원한 지옥 형벌이다. 사실 그 어떤 짐도 이보다 더 무겁고 심각한 짐은 없다. 이 짐은 인간이 혼자 감당할 수 없는 짐이다. 그래서 주님께서 십자가를 통해 이 짐을 우리 대신 져 주셨다. 바로 그 주님께서 무거운 죄의 짐을 지고 허덕이는 우리를 부르고 계신다.

"수고하고 무거운 짐 진 자들아 다 내게로 오라 내가 너희를 쉬게 하리라 나는 마음이 온유하고 겸손하니 나의 멍에를 메고 내게 배우라 그리하면 너희 마음이 쉼을 얻으리니 이는 내 멍에는 쉽고 내 짐은

가벼움이라 하시니라"(마태복음 11:28-30)

　무거운 짐을 진 자들이 예수께로 나아가기만 하면 우리에게 평안을 주신다는 말씀은 생각만 해도 큰 위로가 된다. 하지만 오랜 믿음 생활에도 삶의 문제로 흔들리며 방황하는 사람이 있고, 견디다 못해 믿음을 버리고 세상과 벗하며 사는 사람도 주변에서 본다.

　현실에서 부딪치는 인생의 짐과 죄의 짐에서 벗어나 참된 평안을 얻기 위해서는 비틀거리고 넘어져도 다시 일어설 수 있는 무게 중심이 필요하다. 오뚝이는 넘어뜨려도 비틀거리다가 똑바른 자세로 돌아온다. 오뚝이는 무게 중심이 잘 잡혀 있는 까닭에 아무렇게나 굴려도 언제나 오뚝오뚝 일어선다.

　주님의 자녀도 오뚝이처럼 신앙의 무게 중심을 잘 잡아야 한다. 신앙의 무게 중심은 말씀을 읽고 듣고 배우려는 노력, 기도하고 묵상하고 찬양하는 습관, 손과 발로 순종하려는 의지가 균형을 이루는 것이다.

***
"주는 계신 곳 하늘에서 들으시고 사하시며
각 사람의 마음을 아시오니
그들의 모든 행위대로 행하사 갚으시옵소서
주만 홀로 사람의 마음을 다 아심이니이다"

(왕상 8:39)

# 4
## 네 마음을 지켜라

"모든 지킬 만한 것 중에 더욱 네 마음을 지키라
생명의 근원이 이에서 남이니라"
(잠 4:23)

두산 베어스는 전성기에 6년 연속 코리안 시리즈에 진출했던 한국 프로야구의 명가다. 비결은 공격에 버금가는 수비에 있었다. 선수 개개인의 멋진 수비는 팀원의 사기를 높여 주어 실점을 최소화하고, 사기충천한 선수들이 자신감을 갖고 경기를 지배하면서 야구 명가를 이루었다.

야구 경기에서 수비를 잘해야 이길 수 있듯이 신앙생활에서도 승리하기 위해서는 마음을 잘 지키는 것이 중요하다. 잠언 4장 23절에서는 "모든 지킬 만한 것 중에 더욱 네 마음을 지키라"라고 말씀하고 계신다. 생명의 근원이 마음에서 나오기 때문이다.

성경에 기록된 마음은 우리의 인격이 거하는 곳이며 영혼의 가장 내적인 부분이다. 마음은 지성과 감정과 의지가 작동하는 곳이다. 지성과 정서 의지와 양심은 서로 긴밀하게 연결되어 있고, 이 모든 것이 마음에서 이루어진다.

우리의 모든 삶은 마음에서부터 시작된다. 모든 크고 작은 판단과 호불호와 성향과 결심과 행동이 결정되어 나오는 곳이 마음이다. 우리가 무엇을 먹거나 마실 때에도 우리의 마음이 먼저 움직여야 한다.

그만큼 마음이 중요한 것이다.

　마음을 지켜야 할 또 다른 중요한 이유는 마음이 엉클어지고 잘못되면 우리의 실제 삶도 엉클어지고 잘못되기 때문이다. 모든 죄, 미혹, 방탕함이 마음에서 시작된다. 교만도, 미움도, 다툼도, 다 마음에서 싹이 튼다. 마음이 흔들리면 사람 전체가 흔들린다. 그러므로 마음을 잘 지켜야 한다.

　생명의 근원은 마음에 있다. 사랑과 감사한 마음이 충만할 때와 분노와 악한 마음이 가득할 때 육체는 다르게 반응한다. 분노할 때 심장 박동 수가 빨라지고 근육은 긴장하며 호흡은 거칠어진다. 마음이 육신을 지배하고 있다는 증거다.

　영국의 종교 신문인 『크리스천투데이』는 자신의 마음을 지키기 위한 5가지 실질적인 방법을 다음과 같이 소개하고 있다.

　첫째, 하나님을 먼저 구하라.
　둘째, 끊임없이 스스로의 동기를 점검하라.
　셋째, 자신의 가치를 알라.
　넷째, 복음대로 살라.
　다섯째, 이웃을 자신의 몸과 같이 사랑하라.

　마음속에 하나님을 우선순위에 두고 복음대로 사는 것이 생명의 근원인 마음을 지키고 다스리는 길이다. 마음을 지킨다는 것은 어려운 일이기도 하지만 무엇과도 비교할 수 없는 소중한 일이기도 하다.

***
"노하기를 더디하는 자는 용사보다 낫고
자기의 마음을 다스리는 자는 성을 빼앗는 자보다 나으니라"
(잠 16:32)

# 5
## 자족하는 마음

---

"내가 궁핍하므로 말하는 것이 아니니라 어떠한 형편에든지
나는 자족하기를 배웠노니 나는 비천에 처할 줄도 알고
풍부에 처할 줄도 알아 모든 일 곧 배부름과 배고픔과 풍부와 궁핍에도
처할 줄 아는 일체의 비결을 배웠노라
내게 능력 주시는 자 안에서 내가 모든 것을 할 수 있느니라"
(빌 4:11-13)

"내게 능력 주시는 자 안에서 내가 모든 것을 할 수 있느니라"라는 말씀은 대학 입시를 준비하는 수험생이나 각종 고시를 준비하는 고시생의 책상 앞에 붙어 있는 대표적인 성경 구절 중에 하나다. 이 말씀에서 '내가 모든 것'을 '내가 원하는 모든 것'으로, '할 수 있다'를 '가질 수 있다', 혹은 '얻을 수 있다'로 해석하면 본래의 말이 전도된 전혀 다른 내용으로 바뀐다. 곧 '내게 능력 주시는 자 안에서 내가 원하는 모든 것을 얻을 수 있다'는 요술 방망이가 된다.

사도 바울이 의도했던 것과는 전혀 다른 의미이지만 수험생이나 고시생이 반복하여 암송하면서 힘과 용기를 얻는 말씀이다. 하버드 대학의 윌리엄 제임스 교수에 따르면 아무리 사소한 생각이라도 생각은 예외 없이 인간의 두뇌 구조를 변화시켜서 흔적을 남긴다고 한다. 이렇게 볼 때 잘못된 해석이라도 반복적으로 계속하면 일종의 암시 효과에 의해 자신감을 갖게 되어 긍정적 결과를 얻을 수도 있다.

이러한 암시 효과는 어느 정도 적당한 수준이라면 삶에 도움이 되기도 한다. 힘든 상황에서 자신감을 얻을 수 있고, 중압감에서 벗어나 집중력을 발휘할 수 있으니까 말이다. 하지만 이것은 성경에서 말하는 믿음은 아니다.

"모든 것을 할 수 있느니라"라고 하신 말씀은 사도 바울이 '배부름과 배고픔과 풍부와 궁핍'에 처하더라도 흔들리거나 넘어지지 않고 감당할 수 있는 일에 대해 자족하는 비결에 한정하여 사역을 "할 수 있다"라고 말한 것이다. 이는 궁핍함으로 말미암아 넘어지지 않을까 하며 자신을 염려하는 빌립보에 있는 교우들의 걱정을 덜어 주기 위해 바울이 보낸 서신이다.

바울 자신에게 있는 능력과 확신 있는 자신감의 근원은 '능력 주시는 자'이신 예수 그리스도이다. 이러한 확신과 자신감은 단순히 나에게 불가능은 없다는 말이 아니라 어떤 형편에서도 그리스도를 의뢰함으로 그에게 맡겨진 사역을 끝까지 감당하겠다는 소명의 확신이다.

사람들은 자신이 보고 싶은 것만 보고 좋아하는 것만 믿고 싶어 한다. 마음이 불안하거나 조급할수록 위로받고 힘이 되는 말을 듣고 싶어 한다. 이럴 때에 자칫 잘못하면 말씀을 주관적으로, 자기중심으로 심지어 미신적으로 적용하기도 한다.

사도 바울이 원래 전하고 싶었던 의도는 '내게 능력 주시는 자 안에서는 어떤 상황에서도 만족할 수 있다'는 의미다.

***
"여호와는 나의 목자시니 내게 부족함이 없으리로다"
(시 23:1)

# 6
## 범사에 감사하라

"항상 기뻐하라 쉬지 말고 기도하라 범사에 감사하라
이것이 그리스도 예수 안에서 너희를 향하신 하나님의 뜻이니라"
(살전 5:16~18)

'감사와 건강의 상관관계'를 연구한 켄터키 대학병원의 데이비드 스노든 박사는 미국 7개 수녀원을 대상으로 수십 년 동안 생활 습관을 관찰했다. 감사하는 마음과 긍정적인 자세를 가진 수녀들과 불평이 많고 부정적인 자세를 가진 수녀들의 생활 습관이 건강에 미치는 영향을 비교하는 연구였다. 박사는 감사와 긍정적인 마음을 가진 수녀들이 비교 그룹에 비해 수명이 7년 정도 더 길었을 뿐만 아니라 뇌세포도 덜 파괴되었다고 발표했다.

감사함을 느낄 때 우리 뇌의 전전두엽 피질(왼쪽 앞 뇌)이 활성화된다. 이곳은 사랑, 공감, 낙관, 열정, 활력과 같은 긍정적인 감정을 경험할 때 활성화되는 부위다.

"범사에 감사하라"라는 말씀은 어떤 상황에서도 내 인생의 주관자이신 하나님께 '감사하라'는 말씀이다. 하나님은 사람의 정신과 몸을 감사하는 마음 상태에서 최상의 기능을 하도록 창조하셨다. 그러므로 "범사에 감사하라"라는 말씀은 하나님께서 우리에게 하시는 명령이면서 창조의 비밀을 알려 주시는 말씀이기도 하다.

은혜와 사랑을 베풀어 주신 하나님께 "감사합니다."라고 하는 표현은 하나님과 교감을 완성하는 쌍방 커뮤니케이션이다. 하나님께 "감사합니다."라고 드리는 기도는 하나님이 기뻐 받으시고 하나님과의 관계를 더욱 친밀하게 만들어 준다.

"무신론자에게 가장 비참한 순간은 감사를 느끼면서도 그 감사를 표현할 대상이 없을 때이다."라고 화가이면서 시인이었던 단테 가브리엘 로세티는 말했다. 그러므로 범사에 진심으로 "감사합니다."라고 기도할 수 있는 하나님을 믿음으로 섬기는 사람은 축복받은 사람이다.

"세상에서 가장 현명한 사람은 배우는 사람이며, 세상에서 가장 강한 사람은 자기를 이기는 사람이며, 세상에서 가장 행복한 사람은 범사에 감사하는 사람이다."라고 탈무드 기자는 기록하고 있다.

2022년 한국인의 삶의 만족도는 경제협력개발기구 38개 국가 중에 36위다. 아마도 많은 사람이 행복을 감사하는 마음에서 찾지 않고 외적 요인에서 찾기 때문으로 보인다. 우리나라는 그리스도인 비중이 높은 국가다. 그럼에도 삶의 만족도가 낮은 원인은 하나님이 주시는 사랑과 은혜를 당연한 것으로 받아들이고, 감사에 인색한 믿음 생활을 하고 있기 때문인지도 모른다.

\*\*\*

"주 안에서 항상 기뻐하라 내가 다시 말하노니
기뻐하라 너희 관용을 모든 사람에게 알게 하라
주께서 가까우시니라 아무 것도 염려하지 말고
다만 모든 일에 기도와 간구로,
너희 구할 것을 감사함으로 하나님께 아뢰라"

(빌 4:4-6)

# 4장

## 은혜

# 1
## 하나님이 주시는 복

"여호와를 경외하며 그의 길을 걷는 자마다 복이 있도다
네가 네 손이 수고한 대로 먹을 것이라 네가 복되고 형통하리로다"
(시편 128:1-2)

운전 중에 라디오를 켰다. 기독교 방송이었다. "하나님은 복을 주시는 분입니다. 하나님은 믿는 자에게 땅을 유업으로 주신다고 하셨습니다. 그러므로 믿고 간구하면 우리 모두는 하나님이 주시는 귀한 복을 받을 수 있습니다." 목사님은 '하나님의 복'에 대해 설교 중이셨다.

마지막까지 다 듣지 못해 아쉬웠지만 '하나님이 주시는 복'과 '세상에서 말하는 복'은 어떻게 다른지 생각하는 계기가 되었다.

세상의 도덕, 윤리나 타 종교에서도 복을 받기 위한 다양한 방법을 가르치고 있다. 그러나 누가 어떻게 주는지에 대한 언급은 없다. 복을 받는 자가 있으면 주는 자가 반드시 있어야 하고, 주는 방법도 있어야 하는데도 말이다.

대부분의 도덕, 윤리는 선하게 살면 복을 받는다고 가르친다. 착하게 사는 사람에게 위로가 되는 말이지만 치열한 생존 경쟁을 벌이는 현대 사회에서는 설득력이 떨어진다. 많은 종교는 간절한 마음을 담아 지극정성으로 빌면 소원을 성취할 수 있다고 한다. 그런데 지극정성으로 비는 대상은 어떤 능력을 갖고 있고, 어떻게 소원을 들어주는지에 대한 설명은 없다.

"하나님이 자기 형상 곧 하나님의 형상대로 사람을 창조하시되 남자와 여자를 창조하시고 하나님이 그들에게 복을 주시며"(창 1:27-28) 성경에서는 복 주시는 분은 하나님이라고 분명하게 말씀하고 계신다.

하나님은 만물을 창조하시고 인간에게 특별히 영과 생각하는 능력을 주셨다. 성령께서 능력을 주시고, 계시하시고, 지혜를 주신다.

"생각이 바뀌면 태도가 바뀌고, 태도가 바뀌면 행동이 바뀌고, 행동이 바뀌면 습관이 바뀌고, 습관이 바뀌면 인격이 바뀌고, 인격이 바뀌면 운명이 바뀐다."라고 종교 심리학자 윌리엄 제임스는 말했다.

생각이 바뀌면 우리의 삶이 바뀐다. 하나님이 우주 만물을 창조하셨음을 믿고, 예수님을 독생자로 받아들이는 결단은 사고의 틀이 크게 바뀌는 순간이다. 이 순간부터 주님은 우리의 생각에 개입하시기 시작한다. 보지 못하던 것을 보게 되고, 알지 못하던 것을 깨닫게 된다. 결국 인생관이 바뀌고 세계관이 바뀌면서 우리의 삶이 바뀌는 복을 받는다.

복의 근원이 어디에 있는지 알고 하나님을 경외하며, 그분의 말씀에 순종하며 사는 삶 그 자체가 큰 복이다.

***
"여호와께서 요셉과 함께 하시므로 그가 형통한 자가 되어
그의 주인 애굽 사람의 집에 있으니
그의 주인이 여호와께서 그와 함께 하심을 보며 또 여호와께서
그의 범사에 형통하게 하심을 보았더라"
(창 39:2-3)

# 2
## 삼박자 축복

---

"사랑하는 자여 내 영혼이 잘됨 같이 네가 범사에 잘되고 강건하기를
내가 간구하노라 형제들이 와서 네게 있는 진리를 증언하되
네가 진리 안에서 행한다 하니 내가 심히 기뻐하노라"
(요삼 1:2-3)

예수를 구주로 영접하고 회개하면 구원에 이르고 영적, 물질적 축복을 받는다는 삼박자 축복은 한국 교회 부흥에 크게 기여하였다. 6·25 전쟁이 끝난 후 한국은 세계에서 가장 못사는 나라 중에 하나였다. 지긋지긋한 가난에서 벗어나고 싶은 욕망은 물질의 축복, 바로 돈에 관심이 갈 수밖에 없던 시절이었다.

삼박자 축복은 '잘 살아 보세'라는 새마을 운동 구호와 한국 특유의 기복 신앙 '비나이다'와 결합하면서 많은 사람의 마음을 사로잡았다. 부자가 되는 것은 하나님께서 주신 복이라고 믿으며 수단과 방법을 가리지 않고, 너도 나도 부자가 되기 위해 안간힘을 썼다. 삼박자 축복은 이렇게 부를 얻고자 하는 사람들의 욕망에 당위성과 원동력을 제공했다.

삼박자 축복은 소외되고 힘없고 연약한 이들에게는 관심이 없다. 그들에게는 부자가 되고 사회적으로 명성을 얻어 성공하는 것만이 관심의 대상이다. 결과적으로 부를 얻으면 복을 받은 것이라는 믿음이다. 그리스도인이라고 자처하는 정치인들과 고위 공직자들이 부정

부패를 자행하면서도 죄에 둔감한 모습은 이러한 믿음에 영향을 받았기 때문으로 보인다.

하나님을 믿는 어떤 사람이 부자가 되었다면 그는 복을 받은 사람이고, 가난하게 사는 기독교인은 복을 받지 못해 가난하게 산다는 것일까? 삼박자 축복은 복의 개념을 협소하게 해석하여 많은 이들에게 성경을 오해하게 만들었다.

요한3서의 구절은 장로 요한이 장로 가이오에게 보내는 짧은 편지의 인사말이다. 예나 지금이나 편지의 인사말은 "잘 먹고 잘 살라."라고 복을 비는 것이 일반적이다. 더군다나 인사말 다음에 기록된 편지의 본론은 "형제들이 와서 네게 있는 진리를 증언하되 네가 진리 안에서 행한다 하니 내가 심히 기뻐하노라 내 자녀들이 진리 안에서 행한다 함을 듣는 것보다 기쁜 일이 없도다"라고 하였다.

본문에서 말하는 본질적인 내용은 '세속적인 축복을 받아 누리는 것'이 아니라 '복음의 진리를 지켜 행하는 것'이다.

기독교인이 된다는 것은 무엇을 의미하는가. 축복받고 싶은 열망이 가득한 사람인가. 삼박자 축복에 의하면 그렇다. 그러나 본회퍼 목사는 그렇지 않다고 말한다. 예수님의 분부대로 자기 십자가를 지고 주님의 남은 고난에 동참하는 이웃을 위한 삶을 사는 게 기독교인을 기독교인이 되게 하는 숨은 비밀이라고 했다.

무속인이 득세하여도 침묵으로 일관하고, 부정부패 사건에는 그리스도인이 약방에 감초처럼 연루되는 현실을 보면서 한국 교회가 왜 이렇게 힘이 없고 약한가를 자성해 본다. 말씀이 말씀대로 전하여지고, 말씀에 바로 서는 신앙인이 필요한 시대다.

\*\*\*
"또 하나님이 이방을 믿음으로 말미암아 의로 정하실 것을
성경이 미리 알고 먼저 아브라함에게 복음을 전하되
모든 이방인이 너로 말미암아 복을 받으리라 하였느니라
그러므로 믿음으로 말미암은 자는 믿음이 있는
아브라함과 함께 복을 받느니라"
(갈 3:8-9)

# 3
## 복 있는 사람

"복 있는 사람들은 악인들의 꾀를 따르지 아니하며
죄인들의 길에 서지 아니하며 오만한 자들의 자리에 앉지 아니하고
오직 여호와의 율법을 즐거워하여 그의 율법을 주야로 묵상하는도다
그는 시냇가에 심은 나무가 철을 따라 열매를 맺으며
그 잎사귀가 마르지 아니함 같으니 그가 하는 모든 일이 다 형통하리로다"
(시 1:1-2)

아침에 일어나 성경을 펼쳤을 때 가장 먼저 눈에 띄는 말씀을 그날 하나님이 자신에게 주시는 말씀으로 믿고 살던 신자가 있었다. 그날도 아침에 일어나 성경을 펼쳤다. 그랬더니 눈에 확 들어오는 말씀이 마태복음 27장 5절이었다. "유다가 은을 성소에 던져 넣고 스스로 목매어 죽은지라" 기분이 이상해서 다른 곳을 펼쳤다. 이번에는 누가복음 10장 37절이 눈에 들어왔다. "이르되 자비를 베푼 자니이다 예수께서 이르시되 가서 너도 이와 같이 하라 하시니라"

말씀을 로또 복권 추첨식으로 뽑아 신자에게 나누어 주는 교회와 말씀을 하나님의 음성으로 대하지 않고 문자적으로 또는 지적으로 접근하는 신자에게 주는 경고다.

기독교 저술가 A.W.토저는 이와 같은 기독교인들의 삶에 대해서 다음과 같이 말했다. "하나님께서는 우리가 여러 가지 일로 하나님을 기쁘시게 하기보다는 진실로 '나의 하나님'이 되기를 원하신다."

'묵상하다'를 뜻하는 히브리어 단어는 주르 '하가'와 '시아흐'가 사용되었다. '하가'와 '시아흐'는 '신음하다, 으르렁거리다, 새가 지저귀다, 말하다, 속삭이다, 중얼거리다, 명상하다, 슬퍼하다, 되풀이하다, 불평하다 탄식하다, 이야기하다, 후회하다, 마음으로 깊이 숙고하다' 등의 여러 가지 뜻을 갖고 있다. 그중에 압도적으로 많은 의미는 '읊조리다'이다. 읊조린다는 것은 작은 소리를 내면서 읽고 말하며 그것을 반복해서 중얼중얼하는 낭송에 가까운 행동이다.

묵상은 살아 계신 하나님께 초점을 맞추어 말씀을 깊이 생각하면서 주님의 말씀으로 생활과 인격에 변화가 생기기를 기대하는 기도다. 묵상은 주님의 말씀을 마음에 채우는 것이다. 말씀으로 채워진 마음에는 죄가 비집고 들어올 수 없어 그가 하는 모든 일이 형통하는 복을 받는다.

묵상은 하나님이 우리에게 보여 주시려는 사랑을 깨닫게 한다. 또한 하나님의 은혜와 감동을 경험하고 하나님의 호흡과 숨결을 날마다 느끼게 한다. 이럴 때 성경은 죽은 활자가 아니라 살아 움직이는 생명으로 읊조리는 자에게 다가온다.

복 있는 사람은 누구인가. 여호와의 율법을 즐거워하여 그의 율법을 주야로 묵상하는 사람이다.

***
"네가 네 손이 수고한 대로 먹을 것이라 네가 복되고 형통하리로다
네 집 안방에 있는 네 아내는 결실한 포도나무 같으며
네 식탁에 둘러 앉은 자식들은 어린 감람나무 같으리로다
여호와를 경외하는 자는 이같이 복을 얻으리로다"
(시 128:2-4)

# 4
## 받는 것보다 주는 것이 복이다

"범사에 여러분에게 모본을 보여준 바와 같이 수고하여
약한 사람들을 돕고 또 주 예수께서 친히 말씀하신 바 주는 것이
받는 것보다 복이 있다 하심을 기억하여야 할지니라"
(행 20:35)

악독하게 축재를 하여 세계 최고의 갑부가 된 록펠러가 55세 되던 해에 의사로부터 1년을 넘기지 못할 수도 있다는 얘기를 듣고는 최종 검진을 위해 병원을 찾았다. 평소 같았으면 보이지 않았을지도 모를 "주는 자가 받는 자보다 복이 있다."라는 액자의 글귀가 선뜻 눈에 띄면서 록펠러는 마음속으로 전율을 느꼈고, 어느덧 그의 뺨에는 눈물이 흥건했다.

잠시 후 정신을 차렸을 때 록펠러는 병원 원무과에서 입원비 문제로 벌어진 소란을 목격했다. 돈이 없는 어느 어머니가 어린 딸을 입원시켜 달라고 애원하고 있었던 것이다. 록펠러는 비서를 시켜 자신의 이름을 밝히지 않고 입원비를 대납하게 했다. 얼마 후 그는 이 소녀가 목숨을 건졌다는 소식을 듣고 그때의 심정을 자서전에 이렇게 기록했다. "나는 살면서 이렇게 행복한 삶이 있는지 몰랐다."

그 후 록펠러는 자신의 재산을 사회에 환원하기로 하고 가난한 이웃과 불쌍한 사람들을 돕기 시작했다. 재단을 설립하여 의학, 교육, 문화 등 다방면에 많은 지원을 아끼지 않던 그는 건강이 다시 회복되

어 98세까지 장수를 누렸다.

"주라 그리하면 너희에게 줄 것이니 곧 후히 되어 누르고 흔들어 넘치도록 하여 너희에게 안겨 주리라 너희가 헤아리는 그 헤아림으로 너희도 헤아림을 도로 받을 것이니라"(눅 6:38) 남에게 주는 사람은 고통과 아픔을 적게 느끼고, 스트레스도 줄며, 정신적으로 더 건강하며, 질병에도 덜 걸린다고 한다.

받는 기쁨은 잠시이고 곧 갈증을 느끼고 좀 더 새롭고 좋은 것을 기대하게 된다. 그러나 주는 것은 내면으로 승화된 기쁨이며 영원한 기쁨이다. 샘은 지속적으로 물을 퍼내면 마르지 않지만 오래도록 퍼내지 않으면 고인 물이 썩거나 말라 버린다.

한 시인은 이런 시를 썼다.

> 하나님은 하늘을 만드셨다 줄 수 있도록 그리하여 하늘은 축복을 내린다 / 하나님은 태양을 만드셨다 줄 수 있도록 그리하여 태양은 따사로이 우리를 지킨다 / 하나님은 달을 만드셨다 줄 수 있도록 그래서 달은 우리가 가는 걸음을 은은히 비춰준다 / 하나님은 공기를 만드셨다 줄 수 있도록 그리하여 우리는 이 공기를 호흡한다 / 하나님은 땅을 만드셨다 줄 수 있도록 그리하여 땅은 모든 열매를 제공한다 / 하나님은 인간을 만드셨다 줄 수 있도록 그러나 인간은…
>
> －익명 그리스도인의 시 中－

우리들은 받는 것을 복이라고 생각한다. 그러나 예수님은 받는 것보다 주는 것에 더 복이 있다고 말씀하신다. 무엇을 얻기 위한 기도보다 누구에게 무엇을 나누어 줄 것인가를 기도하는 믿음이 필요하다.

***
"주라 그리하면 너희에게 줄 것이니 곧 후히 되어
누르고 흔들어 넘치도록 하여 너희에게 안겨 주리라
너희가 헤아리는 그 헤아림으로 너희도 헤아림을 도로 받을 것이니라"

(눅 6:38)

# 5
## 희망을 주노니

> "여호와의 말씀이니라 너희를 향한 나의 생각을 내가 아나니
> 평안이요 재앙이 아니니라 너희에게 미래와 희망을 주는 것이니라"
> (렘 29:11)

코로나19 팬데믹은 아직도 계속되고 있다. 백신이 개발되어 팬데믹 상황은 곧 종결되리라는 희망을 가졌지만, 다양한 코로나 바이러스 변종의 출현은 일상으로의 복귀를 어렵게 만들고 있다.

코로나 19로 인하여 각국 정부는 많은 돈을 풀었다. 그 결과 풍부한 유동성을 바탕으로 주식, 부동산 가격이 크게 상승하여 쾌재를 부르는 사람이 있는 반면 영업시간 단축과 모임 인원 제한으로 울상 짓는 자영업자도 있다. "그야말로 죽지 못해 살아가고 있다."라고 말하는 사람도 있다.

사람과의 만남이 제한되고 해외여행 같은 이동의 제한은 새로운 생활 패턴을 강요하고 있다. 이처럼 급작스럽게 상황이 변하면서, 적응하지 못하는 사람들은 어디로, 어떻게 가야 할지 몰라 우왕좌왕하고 있다.

이처럼 암울한 시대에 필요한 것은 희망이다. 사람은 가슴속에 무엇을 품고 사느냐에 따라 인생이 달라진다고 한다. "부자는 물질을 넘치게 가진 사람이 아니라 희망을 넘치게 가진 사람이다."라는 말이 있다. 희망은 세상을 움직이는 힘이 있다. 희망은 어떤 역경도 극복할

힘을 준다. 극복한 역경이 클수록 크게 성장하고, 다른 이들에게 큰 감동을 준다.

인간에게 극한 상황에서도 인내와 용기를 가질 수 있게 만드는 힘은 희망이다. 인간에게 희망이 있는 한, 어떠한 시련이라도 기꺼이 견뎌 낼 수 있다. 하나님은 모든 사람에게 희망을 주시고 그 성취를 약속하셨다. "야곱의 하나님을 자기의 도움으로 삼으며 여호와 자기 하나님에게 자기의 소망을 두는 자는 복이 있도다"(시 146:5)라고 성경에는 기록되어 있다.

희망은 믿음과 확신 속에서 성장한다. 믿음의 사람은 희망을 갖고 하나님께 예배하고 기도하면서 흔들림 없이 살아가는 사람이다. 하나님을 향한 믿음 속에서 희망을 키우고 주님의 말씀 속에서 희망의 실현을 약속받은 자들은 결코 자신의 열악한 현실과 환경을 탓하지 않는다.

성경에서는 하나님이 우리에게 향하신 생각은 재앙이 아니라 평안이요, 미래와 희망을 주는 것이라고 말씀하고 계신다. 그러므로 참된 믿음을 간직한 사람은 하나님의 말씀에 의지하여 힘들고 어려운 현실 속에서도 희망을 갖고 담대하게 그리고 성실하게 살아가는 사람이다.

***
"예수께서 이르시되 할 수 있거든이 무슨 말이냐 믿는 자에게는 능히 하지 못할 일이 없느니라 하시니"
(막 9:23)

# 6
## 하나님의 은혜로

> "모든 사람이 죄를 범하였으매 하나님의 영광에 이르지 못하더니
> 그리스도 예수 안에 있는 속량으로 말미암아 하나님의 은혜로
> 값 없이 의롭다 하심을 얻은 자 되었느니라"
> (롬 3:23-24)

중학교 사회 수업 시간에 법을 지키지 않으면 죄를 지은 것이므로 벌을 받게 된다고 선생님이 설명하자 한 학생이 손을 들고 질문했다. "우리 교회 목사님은 우리는 모두가 죄를 지은 죄인이라고 하십니다. 우리는 어떤 벌을 받게 되나요?"

학생은 법을 위반하여 처벌을 면치 못하는 행위가 범죄라는 선생님의 설명을 듣고, 교회에서 우리 모두가 죄인이라는 목사님 말씀과 혼동되어 질문을 한 것이다.

언어는 언어 공동체 내에서 공유하는 의미를 갖고 있다. 성경에 자주 등장하는 죄, 복, 기도, 은혜, 사랑, 신 등은 오랫동안 우리 사회에서 공유된 의미를 갖고 사용하는 언어다.

사회에서 통용되는 '죄'는 양심이나 도리에 벗어난 행위, 잘못이나 허물로 인하여 벌을 받을 만한 일 등의 의미로 사용하고 있다. 어떤 부모는 자녀가 하는 일이 잘 풀리지 않으면 자신이 지은 죄가 많은 탓이라며 죄를 인과응보의 과정으로 이해하기도 한다.

그러나 성경에서 말하는 죄는 우리 사회에서 일반적으로 이해하고

있는 죄의 의미와는 다르다. "모든 사람이 죄를 범하였으매"라는 말씀에서 '죄'는 하나님의 성품과 일치하지 않고 육에 속한 옛 성품을 의미한다. 죄에서 벗어나기 위해서는 하나님께 나아가고 예수 그리스도를 구주로 믿는 관계를 정립하는 것에서 출발한다. 예수님은 우리의 죄를 대속하시기 위해 십자가를 지셨기 때문이다. "그는 우리 죄를 위한 화목제물이니 우리만 위할 뿐 아니요 온 세상의 죄를 위하심이라"(요일 2:2)

우리 사회에서 오랫동안 공유하고 있는 언어의 의미를 바탕으로 성경을 이해함으로써 민간 신앙이 알게 모르게 기독교 신앙과 결합하여 우리의 믿음이 현실 기복적 이기주의, 현세 지향적 개인주의 성향을 갖고 있는 것은 아닌지 돌아보게 된다.

\*\*\*
"오호라 너희 모든 목마른 자들아 물로 나아오라
돈 없는 자도 오라
너희는 와서 사 먹되
돈 없이, 값 없이 와서 포도주와 젖을 사라"
(사 55:1)

# 7
## 구원에 이르는 길

---

"네가 만일 네 입으로 예수를 주로 시인하며
또 하나님께서 그를 죽은 자 가운데서 살리신 것을 네 마음에 믿으면
구원을 받으리라 사람이 마음으로 믿어 의에 이르고
입으로 시인하여 구원에 이르느니라"
(롬 10:9-10)

'구원'은 어려움이나 위험에 빠진 사람을 구하여 준다는 의미다. 성경에서 말하는 '구원'은 영혼 구원뿐만 아니라 포괄적인 개념으로 모든 악과 고난에서 해방되는 것을 말한다.

인간은 사탄의 꾐에 빠져 하나님으로부터 소외된 결과, 죽음의 증상인 거짓, 증오, 분노 속에 살게 되었고, 여러 분야에서 갈등으로 인한 고통에 직면하고 있다. 성경은 이러한 악과 고난 가운데 있는 사람을 죽음의 권세 아래 있는 사람이라고 말한다.

6·25 전쟁이 끝나고 전국이 피폐해진 상황에서 미국을 비롯한 UN의 적극적인 구원으로 우리나라는 번영의 기반을 마련할 수 있었다. 개인적으로도 어렵고 힘들 때 누군가 구원의 손길을 내밀어 주면 새로운 희망을 갖는 계기가 될 수 있다.

죽음의 권세 아래 짓눌려 있는 사람의 영혼은 오직 우주 만물을 창조하신 하나님만이 구원하실 수 있다. 영혼 구원은 인간에 내재된 힘이나 다른 사람의 도움으로 이루어지지 않고, 오직 전능하신 하나님

만이 감당하실 수 있는 영역이다.

　인간은 하나님의 피조물이다. 스스로 존재하는 것이 아니라 하나님으로부터 생명을 받은 존재이므로 영혼 구원의 문제도 하나님께 의존하는 게 올바른 태도이다. 진정한 의존은 순종이다.

　그러므로 하나님께 순종하는 올바른 관계를 형성하여 하나님으로부터 무한한 자원을 공급받을 때 인간은 죽음의 권세에서 벗어나 구원을 받을 수 있다. 창조주 하나님은 무한한 지혜, 무한한 사랑, 무한한 힘을 갖고 계신 분이기 때문이다.

　오늘날은 많은 사람들이 부유하고 여유로움에서 오는 만족감에 취해 살고 있다. 경제적인 안정감과 인간은 이성과 기술로 어려움을 극복할 수 있다는 자신감에서 오는 만족감이 죽음의 증상을 애써 외면하게 만들고 있다.

　하지만 죽음의 증상을 외면하고 얻은 만족감은 죽음의 권세를 벗어나 구원을 받은 것은 아니다. 구원은 악과 고난의 사슬에서 벗어나 본래의 자리로 돌아가는 회복이며 우리의 영혼이 다시 자유함을 찾는 것이다. 예수님을 주로 시인하고, 십자가에서 돌아가신 예수님을 하나님이 죽은 자 가운데서 살리신 것을 믿고 시인하는 사람이 구원을 얻어 자유함을 누릴 수 있다.

\*\*\*
"이는 그가 사랑하시는 자 안에서 우리에게 거저 주시는 바
그의 은혜의 영광을 찬송하게 하려는 것이라
우리는 그리스도 안에서 그의 은혜의 풍성함을 따라
그의 피로 말미암아 속량 곧 죄 사함을 받았느니라"
(엡 1:6-7)

# 8
## 구원은 선물이다

"너희는 그 은혜에 의하여 믿음으로 말미암아 구원을 받았으니
이것은 너희에게서 난 것이 아니요 하나님의 선물이라
행위에서 난 것이 아니니 이는 누구든지 자랑하지 못하게 함이라
우리는 그가 만드신 바라 그리스도 예수 안에서 선한 일을 위하여
지으심을 받은 자니 이 일은 하나님이 전에 예비하사
우리로 그 가운데서 행하게 하려 하심이니라"
(엡 2:8-10)

하나님의 은혜는 거부할 수 없는 강권적인 은혜다. 만일 하나님의 은혜를 받을 것이냐, 거부할 것이냐를 우리가 선택한다면 구원받는 것에 우리의 공로가 포함될 수 있다. 또한 구원이 선한 행위의 대가로 받는 것이라면 구원은 선물이 아니고 우리의 노력으로 얻는 노획물이 된다. 이렇게 되면 구원이 인간의 의지에 의해 결정되는 모순이 발생한다. 그러므로 구원은 아무 공로 없어도 주시는 하나님의 강권적인 은혜다.

구원은 선물이다. 선물은 대가를 지불하지 않고 거저 받는다. 행위로 의롭다 함을 받는 것이 아니다. 그렇다고 대가 없이 오직 믿음으로 받는 선물이니 아무렇게나 사용해도 된다는 뜻은 아니다.

그러면 구원받은 사람의 모습은 어떻게 변화될까.『전쟁과 평화』의 저자인 톨스토이는 구원받은 후 저술한 「나의 회심」이라는 글에서 구

원받은 사람의 변화된 삶의 모습을 보여 주고 있다.

"5년 전 나는 정말 예수 그리스도를 나의 주님으로 받아들였다. 그러자 나의 전 생애가 변했다. 이전에 욕망하던 것을 욕망하지 않게 되었고, 오히려 이전에 구하지 않던 것들을 갈구하게 되었다. 이전에 좋게 보이던 것들이 더 이상 중요한 것으로 보이지 않게 되고, 대수롭지 않게 보이던 것들이 이제는 중요한 것으로 보이기 시작하였다. 그동안 행운의 무지개 꿈을 그리며 살았는데 그 허무함을 알게 되었다. 거짓으로 나를 꾸미는 것이나 여인들과의 타락한 생활이나 술에 취해 기분 좋았던 감정이 더 이상 나를 행복하게 할 수는 없었다."

이와 같이 톨스토이는 예수님을 영접하고 구원받은 후 세상을 보는 관점이 바뀐 덕분에 새로운 삶을 살았던 과거를 고백했다. 톨스토이의 고백처럼 주님을 영접하면 세상을 바라보는 관점이 바뀐다.

우리는 그리스도 예수 안에서 선한 일을 위하여 지으심을 받았다. 구원받는 자는 이 세대를 본받지 말고 하나님이 기뻐하시는, 선하고 온전하신 뜻이 무엇인지 분별하여 거듭나는 삶을 사는 사람이다.

\*\*\*
"불법이 사함을 받고 죄가 가리어짐을 받는 사람들은
복이 있고 주께서 죄를 인정하지 아니하실 사람은
복이 있도다 함과 같으니라"
(롬 4:7-8)

# 5장 믿음

# 1
## 겨자씨 한 알만 한 믿음이라도 있다면

> "주께서 이르시되 너희에게 겨자씨 한 알만한 믿음이 있었더라면
> 이 뽕나무더러 뿌리가 뽑혀 바다에 심기어라 하였을 것이요
> 그것이 너희에게 순종하였으리라"
> (눅 17:6)

고등학교 사회과 과목인 '윤리와 사상' 동양 윤리 단원에서는 유교와 불교를 비중 있게 다루고 있다.

반면에 기독교 윤리는 서양 윤리 단원에서 아우구스티누스와 토마스 아퀴나스의 은혜를 비교하는 정도의 내용이 실려 있었다. 분량은 적었지만 두 사람이 주장하는 은혜의 차이점을 구별하는 것은 쉬운 일이 아니었다.

그러나 새로 바뀐 교과서에는 기독교 윤리가 아예 실려 있지 않았다. 처음에는 '종교 차별이 아닌가?' 하고 생각했으나, 곧 교과서에 기독교 윤리가 없는 게 당연하다는 생각을 하게 되었다. 토마스 아퀴나스가 "철학은 신학의 시녀인 한에서 진실하다."라고 설파했듯이 하나님의 계시로 기록된 말씀을 인간의 사고에서 나온 '윤리와 사상'과 동등한 수준으로 놓고 공부하기에는 어색했던 것이다.

사상은 인간의 다양한 세계관을 설명하지만 성경은 세상을 이해하고 본질이 무엇인지 깨닫는 생각과 지혜를 갖게 한다. 당위적 행위를 논하는 윤리는 학문의 대상이지만 하나님과 인간과의 관계를 말하는

기독교는 믿음의 영역이다.

세상의 학문은 이해를 해야 믿을 수 있다. 그러나 성경은 하나님의 말씀이기 때문에 믿음을 통해서 이해할 수 있다.

예수님은 겨자씨처럼 작고 육신적으로 연약하게 오셨지만 세상의 힘에 의존하지 않고 오직 하나님의 말씀에 순종하며 하나님의 말씀에 따라 인류를 구원하셨다. 겨자씨는 작지만 생명력이 있다.

겨자씨만 한 작은 믿음이라도 있으면 멸망에서 생명으로, 심판에서 자유함으로 가는 기적이 일어난다.

***
"이르시되 너희 믿음이 작은 까닭이니라
진실로 너희에게 이르노니
만일 너희에게 믿음이 겨자씨 한 알 만큼만 있어도
이 산을 명하여 여기서 저기로 옮겨지라 하면 옮겨질 것이요
또 너희가 못할 것이 없으리라"
(마 17:20)

# 2
## 흔들리며 자라는 믿음

"수고하고 무거운 짐 진 자들아 다 내게로 오라 내가 너희를 쉬게 하리라
나는 마음이 온유하고 겸손하니 나의 멍에를 메고 내게 배우라
그리하면 너희 마음이 쉼을 얻으리니
이는 내 멍에는 쉽고 내 짐은 가벼움이라 하시니라"
(마 11:28-30)

### 흔들리며 피는 꽃

흔들리지 않고 피는 꽃이 어디 있으랴 / 이 세상 그 어떤 아름다운 꽃들도 / 다 흔들리면서 피었나니 / 흔들리면서 줄기를 곧게 세웠나니 / 흔들리지 않고 가는 사랑이 어디 있으랴 // 젖지 않고 피는 꽃이 어디 있으랴 / 이 세상 그 어떤 빛나는 꽃들도 / 다 젖으며 젖으며 피었나니 / 바람과 비에 젖으며 꽃잎 따뜻하게 피웠나니 / 젖지 않고 가는 삶이 어디 있으랴

—도종환, 「흔들리며 피는 꽃」—

아름다운 꽃이 흔들리며 피듯이 우리의 삶도 흔들리며 이쪽저쪽을 오가며 사는 게 현실이다. 항상 선한 길로 가면 좋으련만 우리는 욕심에 따라 이리저리 흔들리며 갈지자걸음을 걸으며 간다. 바른 것과 옳지 않은 것 사이를 오가며 살아가는 게 우리의 삶이다.

믿음 생활도 그렇다. 믿음이 충만한 자리에 있다가 어느 순간 믿음이 흔들리고 의심과 나태의 자리에서 곁길로 빠져 방황하기도 한다.

그러다가 다시 하나님의 은혜를 사모하지 않을 수 없어 예배의 자리, 찬양의 자리에서 하나님의 은혜를 사모하며 눈물짓는다. 흔들리지 않고 늘 신실하면 좋으련만 우리의 인생은 그렇게 신실하지 못하다. 죄인인 우리는 늘 세상의 유혹과 세상을 향하는 마음을 가지고 있기에 수시로 길을 잃고 넘어지기를 반복한다.

흔들리며 곁길에 빠져 허우적대다가도 다시 바른 신앙의 자리로 돌아가야 한다. 언제라도 팔 벌려 우리를 맞아 주시는 하나님의 품으로 돌아가면 주님은 우리에게 쉼을 주신다고 약속하셨다. 하나님의 품을 떠나 살다가 죄악으로 가득한 자신을 돌아보고 눈물로 회개하며 주님께로 돌아가면 전보다 더 깊은 사랑으로 주님은 우리를 맞아 주신다.

들에 핀 꽃도 흔들리며 자라서 아름다운 열매를 맺는 것처럼 인생도 신앙도 흔들리며 간다. 흔들리는 때에 우리를 참고 기다리시는 주님 앞에 나아가 무거운 짐을 내려놓는 믿음이 한 걸음 더 성숙한 신앙인으로 자라게 한다.

무거운 짐을 내려놓을 곳이 있고, 나의 무거운 짐을 받아 줄 분이 있다는 것은 믿는 자에게 큰 복이다.

***
"너희 염려를 다 주께 맡기라 이는 그가 너희를 돌보심이라"
(벧전 5:7)

# 3
## 순종하는 믿음

> "이 때에 예수께서 갈릴리로부터 요단 강에 이르러
> 요한에게 세례를 받으려 하시니 요한이 말려 이르되
> 내가 당신에게서 세례를 받아야 할 터인데 당신이 내게로 오시나이까
> 예수께서 대답하여 이르시되 이제 허락하라 우리가 이와 같이 하여
> 모든 의를 이루는 것이 합당하니라 하시니 이에 요한이 허락하는지라"
> (마 3:13-15)

모든 의를 이루는 것은 하나님이 머리이심을 인정하고 하나님이 주신 말씀에 순종하고 복종하는 일이다. 순종은 '듣고 순순히 따르는 것'을 의미하고 복종은 '알지 못하고 이해하지 못할지라도 억지로 따르는 것'을 말한다.

하나님이 존재하심을 믿고 하나님의 능력을 인정하며 말씀에 순종하는 일이 갈수록 어려워지고 있다. 주일 성수를 하고, 십일조를 비롯한 다양한 헌금을 하고, 교회 봉사 활동을 헌신적으로 했는데 내가 얻은 것은 무엇인지 따져 보는 버릇이 생긴 탓이다. 하나님께 순종하고 그에 대한 대가를 계산하고 결과를 기대하면서 순수한 믿음의 열정도 식어 가고 있다.

이런 현상은 자본주의 사회에 살면서 영향을 받고 있는 것으로 보인다. 자본주의는 투입보다 산출이 많은 결과를 얻기 위해 전력투구한다. 사람의 의식 구조도 변하여 결과를 고려하며 행동하려고 한다.

정치, 경제, 교육, 스포츠 등 다양한 분야에서 결과를 중시하듯이 신앙의 영역에서도 결과를 고려하는 사고가 믿음 생활에 영향을 주고 있는 것으로 보인다.

하나님 말씀에 순종한 노아는 홍수를 대비하여 믿음으로 방주를 예비하였다. 아브라함은 순종하는 믿음으로 고향을 떠나 하나님이 인도하시는 가나안 땅으로 이주하였다. 모세는 믿음으로 순종하였기에 출애굽의 위대한 역사를 이끌어 냈다. 요한은 예수님이 세례를 받고자 하실 대에 거부하였지만 모든 의를 이루기 위해 이제 허락하라는 예수님의 말씀에 순종하였다. 믿음의 선배들은 결과를 고려하지 않고, 말씀에 순순히 따르는 순종의 모범을 우리에게 보여 주고 있다.

순종은 하나님과의 깊은 사랑의 인격적 만남의 귀결이다. 요한이 예수님께 세례를 베푸는 것이 불편하였지만 허락하라는 예수님의 말씀에 순종하여 선을 이루었듯이 말씀에 순종해야 한다.

진정한 순종을 위해 예수님이 기도하셨던 것처럼 늘 기도해야 한다. 기도는 순종하는 그리스도인의 시작과 끝이다. 순종은 우리를 살게 하고, 번성하게 하고, 약속하신 축복을 얻게 한다.

마음속에서 '선의지'가 발동하면 결과를 고려하지 말고 무조건 실천에 옮기라는 칸트의 주장은 믿음의 결과를 계량화하며 갈등하는 오늘날 서태에 많은 교훈을 준다. 하나님의 말씀은 진리다. 그러므로 결과를 고려하지 말고 말씀에 무조건 순종해야 한다.

*** 
"사무엘이 이르되 여호와께서 번제와
다른 제사를 그의 목소리를 청종하는 것을 좋아하심 같이
좋아하시겠나이까 순종이 제사보다 낫고
듣는 것이 숫양의 기름보다 나으니"
(삼상 15:22)

# 4
## 믿음으로 드리는 제사

"세월이 지난 후에 가인은 땅의 소산으로 제물을 삼아
여호와께 드렸고 아벨은 자기도 양의 첫 새끼와 그 기름으로 드렸더니
여호와께서 아벨과 그의 제물은 받으셨으나 가인과 그의 제물은
받지 아니하신지라 가인이 몹시 분하여 안색이 변하니"
(창 4:3-5)

'실수하다'는 말은 '조심하지 못하여 무엇을 잘못하다'라는 의미다. '실패하다'는 '무엇이 뜻한 대로 되지 않거나 그르치다'라는 뜻을 갖고 있다.

잘못한 일을 실수로 인식하느냐 또는 실패로 인식하느냐는 커다란 차이가 있다. 실수는 과정의 문제로 생각하고 실패는 문제의 결과로 보기 때문이다. 실수는 수없이 반복되면서 보다 더 나은 미래를 창출하는 계기가 될 수 있다. 과정으로서의 실패는 있지만 결론적인 실패는 생각할 수 없는 것이다. 실수가 되느냐 실패가 되느냐는 당면한 문제와 사건에 임하는 우리의 마음 자세에 달려 있다.

성경에서는 "믿음으로 아벨은 가인보다 더 나은 제사를 하나님께 드림으로"(히 11:4)라고 말씀하고 계신다. 결국 아벨은 믿음으로 드렸고 가인은 믿음 없이 제사를 드렸기에 하나님은 아벨의 제사만 받으셨다는 의미이다.

가인은 몹시 분하여 안색이 변하였다. 자신이 하나님께 드린 제사

를 실패로 규정했기 때문이다. 실수로 인식하였다면 다음에는 믿음으로 드리겠다고 결심하고 실천으로 옮기면 될 일이었다. 하나님께 드린 제사를 실패로 규정한 가인은 치미는 분노를 참지 못하고 아벨을 죽이는 죄를 범하였다.

하나님께서 두 사람의 제물을 다 받지 않으셨다면 가인의 안색이 변하지 않았을 것 같다. 그런데 아벨의 제사는 받으시고 가인의 제사는 받지 않으시므로 질투심이 발동하여 안색이 변했을 것이다. 그러면서 실패의 책임을 아벨에게 전가한다. 마음속에 깊이 뿌리박힌 원죄, 그 원죄 중에 가장 뿌리 깊은 죄가 시기와 질투다.

실수는 줄여 나가면서 고치면 되지만 실패라고 단정하면 실패자라는 낙인을 스스로 찍는 것이 된다. 가인은 믿음 없이 드린 제사를 실수라고 인식하고 하나님을 생각하고 하나님과의 관계를 재정립하며 자신의 믿음을 돌아보는 계기로 삼았어야 했다.

언제나 주님만을 바라보는 믿음 생활이 쉽지만은 않은 일이다. 때로는 믿음이 좋다고 생각했던 성도로부터 받는 실망감 때문에 믿음 생활에 회의를 갖기도 한다. 뜻하지 않은 어려움을 당하면 믿음 생활이 허무하다는 생각에 밤잠을 설치기도 한다. 절대적 가치보다는 상대적 가치를 중시하는 사회적 환경이 믿음 생활을 어렵게 할 때도 있다.

주변 환경에 영향을 받아 믿음이 연약해지는 실수를 반복하는 것이 우리들 모습이다. 그러나 실수는 줄여 나가면 된다. 실수가 있기에 한 발 더 도약하는 계기를 만들어 나갈 수 있다. 믿는 자에게 실패는 없다. 실수가 있을 뿐이다.

***

"믿음으로 아벨은 가인보다 더 나은 제사를 하나님께 드림으로
의로운 자라 하시는 증거를 얻었으니
하나님이 그 예물에 대하여 증언하심이라 그가 죽었으나
그 믿음으로써 지금도 말하느니라"
(히 11:4)

# 5
## 믿음은 바라는 것들의 실상

> "믿음은 바라는 것들의 실상이요 보이지 않는 것들의 증거니
> 선진들이 이로써 증거를 얻었느니라 믿음으로 모든 세계가
> 하나님의 말씀으로 지어진 줄을 우리가 아나니 보이는 것은
> 나타난 것으로 말미암아 된 것이 아니니라"
> (히브리서 11:1-3)

하루살이와 메뚜기가 하루 종일 놀다가 해가 서산을 넘어가는 저녁에 메뚜기가 하루살이에게 말했다. "오늘 재미있게 놀았어. 내일 또 만나서 재미있게 놀자." 하루살이가 대답했다. "내일이 뭔데?"

가을이 끝나 가는 어느 날 메뚜기가 개구리와 만나서 재미있게 놀다가 헤어지면서 개구리가 메뚜기에게 말했다. "오늘 즐거웠어. 내년에 또 만나자." 그러자 메뚜기가 말했다. "내년이 뭐야?"

하루를 사는 하루살이가 내일을 알 수 없고, 봄, 여름, 가을을 사는 메뚜기는 내년을 알 수 없다는 우화다. 사람도 길어야 100년이고, 그것도 건강한 육신과 정신으로 사는 기간을 수명으로 보면 훨씬 짧을 수밖에 없는 게 인생이다. 인간도 유한한 존재에 불과하다. 그러므로 영원을 올바로 이해한다는 것은 유한한 존재인 인간에게는 벅찬 일이다.

하루살이가 내일을 이해할 수 없어도 내일은 존재하고 메뚜기가 겨울을 알지 못해도 겨울은 존재한다. 인간이 영원한 세상을 다 이해하

지 못해도 영원한 세상은 존재한다는 사실이다.

과학의 발달은 눈에 보이고 증명이 가능한 것만 존재하는 것으로 생각하게 만들었다. 곧 보이는 것이 전부요, 보이는 것만이 가치가 있다는 착각에 빠지게 했다.

그러나 성경에서는 보이지 않는 것은 보이는 것의 실상이며 보이는 것이야말로 보이지 않는 것의 허상에 불과하다고 말씀하고 계신다. 우리가 실상이라고 생각하는 돈과 권력과 명예는 아무리 가져도 공허하다. 그럼에도 더 채우기 위해 탐욕스러워지는 것은 그것이 실제로는 허상이기 때문이 아닐까?

보이지 않는 믿음은 바라는 것들의 실상이요, 보이지 않는 것들의 증거다. 부모는 자녀들이 건강하게 자라서 행복한 삶을 살 것이라고 믿으면서 자녀들을 위해 헌신적인 노력을 한다. 자녀는 부모님이 안전하게 지켜 주고 있다는 믿음을 갖고 자신에게 주어진 것에 최선을 다한다. 결국 보이지 않는 믿음은 바라는 것들의 실상인 행복한 가정의 모습으로 나타나고 있다.

하나님을 믿는 믿음은 하나님 시각으로 세상을 바라보게 한다. 믿음은 상황과 환경을 넘어서게 하는 능력이 있다. 무엇을 믿는가에 따라서 생각이 달라지고, 생각에 따라 행동하게 된다. 실상은 행동의 결과로 나타나고, 행동은 생각의 범주 안에 있으며, 생각은 믿음의 영역 안에서 하게 된다. 그러므로 믿음은 보이지 않는 것의 실상이다.

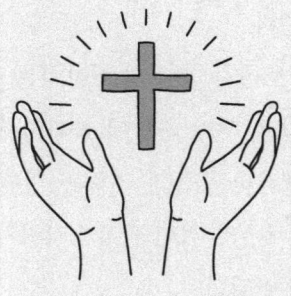

\*\*\*
"너희는 그 은혜에 의하여 믿음으로 말미암아 구원을 받았으니
이것은 너희에게서 난 것이 아니요 하나님의 선물이라"
(엡 2:8)

# 6
## 소망의 하나님

"소망의 하나님이 모든 기쁨과 평강을 믿음 안에서 너희에게
충만하게 하사 성령의 능력으로 소망이 넘치게 하시기를 원하노라"
(롬 15:13)

미국의 나다니엘 호손이라는 소설가가 쓴 『큰 바위 얼굴』이라는 소설에 나오는 이야기다. 큰 바위 얼굴이 바라다보이는 어느 산골 마을에 어니스트라는 한 소년이 살고 있었다. 어니스트는 바위 언덕에 새겨진 큰 바위 얼굴을 닮은 아이가 태어나 큰 인물이 될 거라는 마을의 전설을 어머니로부터 들으며 자랐다.

어니스트는 틈만 나면 큰 바위 얼굴을 바라보며 진실하고 겸손하게 살면서 언젠가 그 사람을 만났으면 하는 간절한 소망을 갖고 자랐다. 하루의 일을 끝내고 바위를 쳐다보면 큰 바위 얼굴이 자신을 알아보고 따뜻한 미소를 띠며 자신을 격려하는 것 같다는 생각을 하곤 했다.

세월이 흐르는 동안 어니스트는 큰 바위 얼굴일지도 모른다고 생각되는 여러 사람을 만나게 된다. 부자와 장군도 만나고, 정치가, 시인도 만났지만 모두 어니스트가 생각했던 사람은 아니었다.

설교가가 된 노년의 어니스트는 어느 날 저녁 해가 질 무렵에 야외에서 동네 사람들에게 설교를 하였다. 그의 설교는 자신의 삶과 일치되어 있었으므로 힘이 있었다. 선한 행위가 말과 얼굴 표정에 녹아 들어간 것처럼 보였다. 이를 바라보던 한 시인은 "보시오! 어니스트야

말로 큰 바위 얼굴과 똑같습니다."라고 외쳤다.

소망의 중요성과 위대함을 돌아보게 하는 소설이다. 어니스트가 사랑하는 어머니의 말씀을 굳게 믿었던 소망은 그의 일생에 많은 영향을 주었다.

우리의 생각은 반복되는 일상으로 인해 같은 범주 안에서 틀에 박힌 사고에 빠지기 쉽다. 이런 모습을 보면 무의미한 하루하루를 보내고 있다는 생각에 때로는 허무감이 밀려오기도 한다. 먹고 싶고, 가고 싶고, 얻고 싶은 유혹의 욕심을 따라 사는 이와 같은 사람을 바울은 "썩어져 가는 구습을 따르는 옛사람"이라고 표현하고 있다.

믿음 생활도 때론 타성에 젖어 마음은 세상에 있고 형식만 따르는 겉치레 신앙생활을 할 때가 있다. 소망은 타성에 빠져 허우적거리는 사람을 그가 소망하는 곳으로 이끄는 힘이 있다. 어니스트가 언제나 어머니 말씀을 굳게 믿고 큰 바위 얼굴을 보며 소망을 갖고 살았듯이, 심령이 새로워져 새사람이 되기 위해서는 기쁨과 평강을 주시는 하나님께 소망을 두어야 한다.

소망이 있으면 기쁨이 있고 삶의 의미가 생긴다. 어니스트는 큰 바위 얼굴을 닮은 아이가 태어나 큰 인물이 될 거라는 어머니가 들려준 이야기에 소망을 두고 자랐다. 어니스트의 삶을 이끌어 온 것은 소망이었다.

***
"두려워하지 말라 내가 너와 함께 함이라 놀라지 말라
나는 네 하나님이 됨이라 내가 너를 굳세게 하리라
참으로 너를 도와 주리라
참으로 나의 의로운 오른손으로 너를 붙들리라"
(사 41:10)

# 7
## 흔들리지 않는 믿음

"네 자녀들이 주께 죄를 지었으므로 주께서 그들을 그 죄에 버려두셨나니 네가 만일 하나님을 찾으며 전능하신 이에게 간구하고 또 청결하고 정직하면 반드시 너를 돌보시고 네 의로운 처소를 평안하게 하실 것이라 네 시작은 미약하였으나 네 나중은 심히 창대하리라"
(욥 8:4-7)

산속에 있는 별장에서 두 남자가 대화를 나누고 있었다. 그때 한 남자가 "창문을 닫을까?" 하고 말하자 옆에 있던 남자가 "그게 좋겠네." 하면서 창문을 닫고 대화를 계속하였다.

그들은 왜 창문을 닫고 대화를 하게 되었을까? 창문으로 찬 바람이 들어와 춥기 때문에 창문을 닫았다고 생각해 볼 수 있다. 비밀 이야기를 하고 있는데 "낮말은 새가 듣고 밤말은 쥐가 듣는다."라는 속담이 있듯이 누군가 엿듣지 않을까 하는 불안감에 창문을 닫았다고 생각해 볼 수도 있다. 또한 창밖에 부는 바람이 대화에 지장을 줄 만큼 시끄러워 창문을 닫았을 수도 있다.

창문을 닫은 이유를 알려면 앞 문장이나 다음 문장을 보아야 정확하게 알 수 있다. 곧 문맥 안에서 읽고 해석해야 그 의미를 파악할 수 있다.

"네 시작은 미약하였으나 네 나중은 심히 창대 하리라"(욥 8:7) 빌닷이 욥에게 한 말이다. 누구나 창대해지고 싶은 욕망을 갖고 있기 때문에 성도들이 운영하는 사업장이나 식당과 사무실 등에서 자주 발견하는 식구 중에 하나다.

그러나 문맥을 살펴보면 본문은 자기 의로움을 강변하는 욥에게 친구 빌닷이 분개하며 한 말이다. 하나님은 굽게 하시는 분이 아니다. 자녀들이 주께 죄를 지었으므로 하나님께 브지런히 구하며, 전능하신 이에게 빌고, 또 청결하고 정직하게 살면 창대해질 수 있다는 말이다. 빌닷의 말에는 죄를 지으면 망하고, 잘 믿으면 복을 받는다는 인과응보 사고와 기본 신앙이 깔려 있다.

"그런즉 너희는 수소 일곱과 숫양 일곱을 가지고 내 종 욥에게 가서 너희를 위하여 번제를 드리라"(욥 42:8) 빌닷이 욥에게 한 말이 정당하지 않으니 욥을 통해 번제를 드리라는 말씀이다. 이는 욥의 친구들의 생각이 하나님의 뜻에 합당하지 않을뿐더러 죄에 해당한다고 말씀하고 계신 것이다.

욥기는 '우스 땅에 욥이라 불리는 사람이 있었는데 그 사람은 온전하고 정직하여 하나님을 경외하며 악에서 떠난 자더라"라는 말씀으로 시작하고 있다. 욥은 모든 재산과 가족을 잃고 종기가 온몸에 나서 괴로울 때도 하나님을 경외하였다. 결국 욥기를 통해 우리에게 말씀하시고자 하는 바는 하나님을 잘 믿고 경건하게 사는 의로운 자들에게도 고난이 닥칠 수 있다는 교훈이다. 또한 복을 받아야 하나님을 경외하는 것이 아니고, 고난 가운데서도 흔들리지 않는 믿음을 가지라는 말씀이다.

\*\*\*
"하나님이 우리에게 주신 것은 두려워하는 마음이 아니요
오직 능력과 사랑과 절제하는 마음이니
그러므로 너는 내가 우리 주를 증언함과 또는 주를 위하여
갇힌 자 된 나를 부끄러워하지 말고
오직 하나님의 능력을 따라 복음과 함께 고난을 받으라"
(딤후 1:7-8)

# 8
## 순종과 믿음은 하나

"사무엘이 이르되 여호와께서 번제와 다른 제사를
그의 목소리를 청종하는 것을 좋아하심 같이 좋아하시겠나이까
순종이 제사보다 낫고 듣는 것이 숫양의 기름보다 나으니"
(삼상 15:22)

순종은 순순히 따른다는 뜻이다. 자신의 생각을 보태지 않고 지시나 명령을 받은 내용을 그대로 행동으로 옮기는 게 순종이다. 주인과 종의 관계처럼 주인의 지시를 무조건 따른다는 의미를 갖고 있다. 그래서 순종은 지나치게 강조하면 자신이 왜 복종해야 하는지 거부감이 생기기도 하는 것 같다. 그러나 창조주 하나님에 대한 순종은 피조물인 인간이 거역할 수 없는 절대적인 명령이다.

여호와께서 사울에게 아말렉을 쳐서 그들의 모든 소유를 남기지 말고 진멸하라고 명하셨다. 그러나 사울은 아말렉을 멸한 후에 아각과 그의 양과 소의 가장 좋은 것 또는 기름진 것과 어린 양과 모든 좋은 것은 남기고 가치 없고 하찮은 것만 진멸하는 죄를 범하였다.

사울이 왕으로 있던 시대는 전쟁 후 승전의 영광을 백성과 함께하고 왕권 강화를 위해 자신이 섬기는 신에게 제사를 드리는 행위가 일반적이었다. 세상의 풍습에 따라 사울은 제사라는 명분으로 아말렉을 진멸하지 않았다. 사울은 하나님의 말씀을 자기 마음대로 해석하여 부분적으로만 진멸하는 불순종을 범하였다. 그 대가로 사울에게

서 하나님의 영이 떠나고 악령이 임했다.

오늘날은 믿음 생활을 하면서 합리적인 노선을 선택한다는 유혹을 받아 이성과 세상의 풍습에 의지해서 자의적으로 하나님 말씀을 해석하는 불순종을 범하기 쉬운 환경에 놓여 있다.

"예수님은 전적이며 비타협적인 순종의 삶으로 우리를 불렀다. 그러나 우리는 현대 문화의 관점에서 보다 합리적인 노선을 선택함으로 그리스도의 부름을 제한하고 또 그의 엄격한 요구를 완화시키려는 유혹을 받는다. 우리의 상습적인 말버릇은 예수님 당시와 현대의 상황은 다르다는 것이다."라고 『제자도』의 저자 데이비드 왓슨은 말했다.

예수님은 갈릴리 해변에서 네 명의 제자를 부르신 후 더러운 귀신 들린 자를 고치시는 등 많은 기적을 행하셨다. 4차 산업 사회에서는 상상하기 힘든 모습이지만 그분이 그곳에서 행하신 기적과 말씀은 진리다. 세상의 학문은 사람의 머리에서 나온 이론이기에 도태되거나 변형되기도 하지만 하나님이 주시는 말씀은 시대와 장소를 초월하는 말씀이므로 자의적으로 해석하는 것은 불순종에 다름없다.

하나님을 믿는 것은 하나님의 마음에 합한 자로 살며 하나님의 명령을 기꺼이 따르는 것이다. 곧 하나님의 말씀에 대한 순종이다. 믿음이 있으면 순종하고, 순종하면 믿음이 더욱 성장하게 된다.

***
"이르되 우리가 이 이름으로 사람을 가르치지 말라고 엄금하였으되
너희가 너희 가르침을 예루살렘에 가득하게 하니
이 사람의 피를 우리에게로 돌리고자 함이로다
베드로와 사도들이 대답하여 이르되
사람보다 하나님께 순종하는 것이 마땅하니라"
(행 5:28-29)

# 9
## 행함이 있는 믿음

> "내 형제들아 만일 사람이 믿음이 있노라 하고 행함이 없으면 무슨 유익이 있으리요 그 믿음이 능히 자기를 구원하겠느냐"
> (약 2:14)

사도 바울은 믿음으로 의롭다 함을 얻는다고 하는데 야고보 사도는 행함을 강조함으로써 서로 다른 주장을 하고 있는 것으로 보인다. 그러나 야고보에게 있어 행함은 믿음을 온전케 하는 것으로, 일관되게 '행함이 있는 믿음'을 말하고 있어 사도 바울의 말과 같은 맥락이라고 볼 수 있다. 야고보 사도가 행함을 강조한 것은 행함은 등한시한 채 믿음만을 우선시하고 복음만을 강조하다 보면 자칫 가식과 위선에 빠질 수 있는 신앙생활을 경계하기 위함이다.

루터는 전체적으로 이신칭의를 주장하였지만 선행의 중요성도 역설하였다. 착한 행동이 착한 사람을 만들지는 못하지만, 착한 사람은 착한 일을 한다는 말이다. 또한 "좋은 나무가 나쁜 열매를 맺을 수 없고 못된 나무가 아름다운 열매를 맺을 수 없느니라"(마 7:18)라는 예수님의 말씀을 인용하기도 하였다. 이처럼 루터는 '행동하는 믿음'을 강조했지만 한국 교회는 믿은 후에는 아무렇게나 살아도 된다는 값싼 은혜만을 전파했다는 비판을 면하기 어려워 보인다.

혹자는 사도 바울이 보낸 서신은 초신자들이 많은 교회이기 때문에 예수님을 믿는 믿음을 강조하였고, 야고보 사도가 서신을 보낸 교회는 믿음이 있다고 여겨지는 성도가 다수여서 믿음에 따른 행함을 강조한 결과라고 말하기도 한다.

　야고보 사도는 아들 이삭을 제단에 바친 아브라함의 예를 들어 믿음과 행함의 관계를 설명하고 있다. 아브라함에게 믿음이 있었기에 이삭을 제단에 바치는 행함으로 나타날 수 있었고, 그 행함으로 인해 믿음이 온전하게 되었다는 말씀을 통해 믿음과 행함은 떼려야 뗄 수 없는 관계로 여기고 있다.

　야고보 사도는 '의롭다 하심'을 받을 조건으로 '행함'을 강조한 적이 없다. 야고보 사도는 믿음으로 의롭다 하심을 받은 성도들이 "너희 믿음의 정당성을 보이기 위해, 또한 너희 믿음을 온전케 하도록 행함을 보이라."라고 말씀하고 있을 뿐이다.

　성령의 역사하심으로 새로운 피조물이 되면 변화된 삶 속에서 살게 된다. 이처럼 변화된 삶 속에서 받은 은혜를 은혜 가운데 머무는 것에 안주하지 말고 행위를 통해 믿음을 견고하게 하고 온전케 해야 한다.

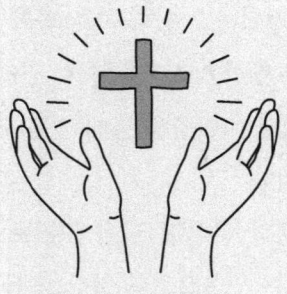

\*\*\*
"영혼 없는 몸이 죽은 것 같이 행함이 없는 믿음은 죽은 것이니라"
(약 2:26)

# 10
## 우리를 향하신 하나님의 뜻

"삼가 누가 누구에게든지 악으로 악을 갚지 말게 하고
서로 대하든지 모든 사람을 대하든지 항상 선을 따르라 항상 기뻐하라
쉬지 말고 기도하라 범사에 감사하라 이것이 그리스도 예수 안에서
너희를 향하신 하나님의 뜻이니라"
(살전 5:15-18)

우리나라 세시 풍속에 정초가 되면 토정비결을 보는 풍습이 있다. 한 해 운수가 궁금하고, 어떤 일이 일어날지 미리 알고 싶은 조바심 때문이다.

그러나 성경은 개인의 미래를 알려고 하는 시도에 대해 가증한 악으로 간주한다. 사무엘상 28장을 보면 사울 왕은 블레셋과의 전쟁에서 그 승패를 알고 싶어서 엔돌의 신접한 무당 여인을 만난다. 그러나 오히려 이 일은 하나님의 진노를 불러일으키는 큰 죄가 되어 미래를 알게 된 사울 왕은 도리어 블레셋과의 전쟁에서 비참한 죽음을 맞이한다.

하나님의 뜻대로 분별하며 사는 인생이란 자신의 인생이 어떻게 될 줄 미리 알아내는 것이 아니라, 하루하루 하나님과 그분의 말씀에 의지하여 살아가는 삶 바로 그 자체다. 그 과정에서 주님은 그 사람의 성품을 완성해 가시며 그를 통해 하나님 나라와 복음에 관한 일들을 이루어 가신다.

이처럼 하나님의 뜻은 우리가 자신의 미래를 알고 나아가는 것이

아니라, 오직 오늘이라는 현재 시점에서 주님과 동행하는 것, 그것이 하나님의 뜻이다.

영국의 유명한 저작자 조지 맥도날드는 젊었을 때 정신적으로 깊은 고민을 하던 때가 있었다. 그는 대체 '참다운 종교란 무엇일까?' 하는 의문을 풀어 보려고 신약 성경을 읽었다. 마침내 그는 신약 성경에서 3가지 사실을 찾아냈으며 그것을 노트에 옮겨 두고 자기의 신조로 삼았다.

첫째, 하나님의 뜻만을 따라 사는 것이 사람의 의무이다.
둘째, 이러한 사람을 지켜 주는 것이 하나님의 의무이다.
셋째, 그러므로 이제는 아무것도 두려울 것이 없다.

하나님의 뜻을 발견하려고 노력하며 주님의 뜻을 찾는 과정 자체가 믿음을 자라나게 한다. 믿음이 있는 사람은 하나님이 지켜 주시므로 두려울 것이 없다.

무디 목사는 "기도는 내 필요에 의하여 하나님을 내 편으로 만드는 것이 아니라 하나님의 뜻에 나를 조종해 맞추는 일이다."라고 말했다.

우리는 언제 기도하게 되는가. 어렵고 힘든 일이 벌어지면 그제야 주님을 찾아 문제를 해결해 달라고 기도하는 게 우리들 모습이다.

자신이 필요한 것을 채우기 위해 주님을 찾는 신앙에서 벗어나야 한다. 먼저 우리가 해야 할 일은 우리를 향하신 주님의 뜻을 아는 것이다. 우리를 향하신 하나님의 뜻은 악으로 악을 갚지 말고, 선을 쫓아 행하고, 항상 기뻐하며, 쉬지 말고 기도하고, 범사에 감사하며 사는 모습이다.

***
"근심하는 자 같으나 항상 기뻐하고 가난한 자 같으나
많은 사람을 부요하게 하고 아무 것도 없는 자 같으나
모든 것을 가진 자로다"

(고후 6:10)

# 11
## 하나님의 뜻대로 행하는 자

"둘러 앉은 자들을 보시며 이르시되 내 어머니와 내 동생들을 보라
누구든지 하나님의 뜻대로 행하는 자가 내 형제요 자매요 어머니이니라"
(막 3:34-35)

동물 우화에서 사자는 "오늘도 일용할 양식을 주십시오."라고 기도하고, 사슴은 "오늘도 사자의 위협에서 안전하게 풀을 뜯을 수 있도록 지켜 주십시오."라고 기도할 때 하나님의 뜻은 어디에 있을까.

직업을 선택하거나 배우자를 결정하는 것처럼 중요한 결정을 해야 하는 순간이 되면 하나님의 뜻이 어디에 있는지 알고 싶은 게 성도의 마음이다. 기도에 소홀했던 자녀도 어려운 일을 당하면 하나님의 뜻을 알기 위해 기도의 자리에 앉는다.

하나님의 뜻에 따르는 삶을 살고 싶은 마음은 성도라면 누구나 갖고 있는 소망 중에 하나다. 삶 속에서 하나님의 뜻을 발견하려고 노력하고, 말씀 가운데서 주님의 뜻을 알고자 애쓰는 마음이 믿음을 성숙하게 한다.

하지만 하나님의 뜻에 집착하다 보면 일상에서 일어나는 일들을 하나님의 뜻으로 곡해하는 경우도 있다. 개인적 체험이나 우연인지 필연인지 알 수 없는 사건들을 하나님의 뜻이라고 과대 포장하기도 한다. 이처럼 개인의 느낌이나 생각을 억지로 하나님의 뜻에 맞추려는 시도는 말씀을 왜곡하거나 말씀의 권위를 떨어트리기도 한다.

밤에 차를 운전하면, 헤드라이트가 비치는 영역은 항상 일정한 거리의 앞만 보여 준다. 그러나 우리는 그 빛을 의지하며 계속 달려 목적지에 도착할 수 있다. 말씀이 중심이 되는 행함이 연속될 때 우리는 하나님의 뜻에 한 발 더 가까이에 서 있는 자신의 모습을 발견할 수 있다.

\*\*\*
"내 아버지의 뜻은 아들을 보고 믿는 자마다 영생을 얻는 이것이니
마지막 날에 내가 이를 다시 살리리라 하시니라"
(요 6:40)

# 12
## 분별력이 필요한 시대

"너희는 이 세대를 본받지 말고 오직 마음을 새롭게 함으로 변화를 받아 하나님의 선하시고 기뻐하시고 온전하신 뜻이 무엇이지 분별하도록 하라"
(롬 12:2)

그리스도의 말씀을 들음으로 믿음을 얻을 수 있다는 영적 메커니즘을 합리적 이성과 오감이 동의하여 믿음으로 받아들이는 것은 은혜다. 그러나 합리적 이성과 오감이 동의하지 않더라도 예수님의 말씀을 믿음으로 받아들이는 것은 더 큰 은혜다. 우리는 이처럼 하나님의 은혜로 소중한 믿음을 받았다.

하지만 우리의 믿음은 자갈밭에 핀 꽃과 같이 위태위태하다. 작은 바람에도 꽃잎이 흔들리고, 가뭄에 쉽게 시들어 떨어지는 꽃잎처럼 은혜로 받은 믿음을 저버리고 낙담하며 한숨짓기도 한다.

편리함을 위해 만들어진 '문명의 이기'에 우리는 짓눌린 상태로 살고 있다. 문명이 발전할수록 '문명의 이기'에 지배당하거나 종속된 상태로 살면서 우리의 믿음은 연약해지고 있다. 수단적 존재에 불과한 '문명의 이기'에 중독되어 무기력하게 살 수밖에 없는 게 현대인의 실상인지도 모른다.

인공 지능을 탑재한 '문명의 이기'는 편리성을 넘어 전지전능이라는 가면을 쓰고 우리의 목자는 하나님이 아니라 자신이라고 속이며 인간을 지배할 계략을 꾸미고 있는지도 모른다.

교단 내에 이단 시비가 끊이지 않고, 사이비 종교가 성행하고 있다. 성경을 자의적으로 해석하거나 일부만을 강조하여 자신의 논리를 만들고, 이를 믿어야 구원에 이를 수 있다는 감언이설로 혹세무민하는 무리들이 넘친다. 갈수록 굳건한 믿음과 올바른 믿음의 길이 험난해지고 있다.

성경은 악한 세대에 속지 않기 위해 오직 마음을 새롭게 하고 분별력을 가져야 한다고 기록하고 있다. 문명의 이기에 중독된 노예적 삶에서 벗어나고, 이단과 사이비 종교의 미혹에서 벗어나 소중한 믿음을 지키고, 하나님의 뜻이 무엇인지 분별하는 분별력이 더욱 필요한 시대다.

온실 속의 화초보다 비바람 맞으며 자란 화초가 생명력이 강하고 화려한 꽃을 피운다. 분별력을 갖고 고난과 역경을 이겨 낸 믿음이 진리 가운데서 하나님의 영광을 바라볼 수 있다.

***
"아침에 하늘이 붉고 흐리면 오늘은 날이 궂겠다 하나니
너희가 날씨는 분별할 줄 알면서
시대의 표적은 분별할 수 없느냐"

(마 16:3)

# 6장

## 우상

# 1
## 우상을 만들지 말라

"너희는 자기를 위하여 우상을 만들지 말지니 조각한 것이나
주상을 세우지 말며 너희 땅에 조각한 석상을 세우고
그에게 경배하지 말라 나는 너희의 하나님 여호와임이니라"
(레 26:1)

고향 뒷산 고갯마루에는 서낭당이 있었다. 마을 어른들은 마을의 수호신인 서낭당을 잘 모셔야 한다고 아이들에게 가르쳤다. 서낭당을 잘 모시는 방법은 그곳을 지나갈 때마다 돌을 던지거나 침을 뱉고 지나가는 게 전부였다. 어른들의 말씀에 따라 시키는 대로 했다. 어려운 일은 아니었다. 그런데 언제부터인가 돌을 던지지 않고, 침을 뱉지 않으면 서낭당 신이 나를 해코지할지도 모른다는 생각이 들면서 두려움의 대상이 되었다.

서낭당은 마을의 수호신으로서 주민들이 어려울 때 위로를 해 주고, 힘이 되어 주었을까? 시간이 지나가면서 참나무와 돌무더기가 전부였던 서낭당은 주민들의 기억에서 차츰 사라지기 시작했다.

인간은 욕망을 채우기 위해 우상을 만든다. 그러나 우상은 인간이 원하는 것을 해 주겠다는 말을 한 적도 없지만, 말을 할 수도 없는 무기력한 존재이다. 그런 우상을 마음에 두는 순간 우상은 우리의 마음을 지배하면서 참 자유와 평강을 빼앗고 불안과 두려움을 안겨 준다.

돈, 권력, 명예 등은 살아가는 데 필요한 수단이다. 그러나 수단이

궁극적 독적이 되던 우상이 될 수 있다. 현대인들은 마음에 여유가 없고 늘 쫓기듯이 살고 있다고 한다. 우리 몸과 마음이 목적을 달성하기 위한 도구로 전락하여 궁극적 목적의 노예로 살고 있기 때문이 아닌지 돌아보게 된다.

"주는 영이시니 주의 영이 계신 곳에는 자유가 있느니라"(고후 3:17) 성경에서는 주님이 내 안에 계시면 자유를 누릴 수 있다고 말씀하고 계신다. 주님과 함께하면 우상은 내 안에 발붙일 곳이 없기 때문이다.

너희는 자기를 위하여 우상을 만들지 말라는 말씀은 우리가 우상의 종으로 살지 말고 자유를 누리며 샬롬하기를 원하시는 주님의 깊은 사랑이 담긴 말씀이다.

***
"땅 위에 있는 어떤 짐승의 형상이든지,
하늘을 나는 날개 가진 어떤 새의 형상이든지,
땅 위에 기는 어떤 곤충의 형상이든지,
땅 아래 물 속에 있는 어떤 어족의 형상이든지 만들지 말라"
(신 4:17-18)

# 2
## 우상을 섬기지 말라

"나 외에는 다른 신들을 네게 두지 말지니라 너는 자기를 위하여 새긴
우상을 만들지 말고 위로 하늘에 있는 것이나 아래로 땅에 있는 것이나
땅밑 둘 속에 있는 것의 어떤 형상도 만들지 말며
그것들에게 절하지 말며 그것들을 섬기지 말라"
(신 5:7-9)

한 여인이 병으르 사경을 헤매는 아들의 건강을 회복시켜 달라고 밤이슬 맞으며 천지신명에게 비는 장면을 보았다. 무료함에 TV 채널을 돌리다가 보게 된 「전설따라 삼천리」에서였다. 기도하는 그녀의 모습은 선녀처럼 보였다. 동네 입구에 있는 커다란 고목나무 밑에서 그녀는 허리를 연신 구부리며 기도했다.

"비나이다. 비나이다. 천지신명께 비옵나니, 어렵게 얻은 아들이 고열이 나서 사경을 헤매고 있사오니 영험하신 능력으로 제 아들을 살려 주십시오." 병으로 고생하거나 자연재해로 피해를 당해 낙심하고 있을 때 전능자에게 의지하고 싶은 심정은 인지상정일 것이다.

질병뿐만 아니라 자기 욕심, 욕망, 탐심을 채우기 위해 자연물이나 자연 현상을 신으로 만들어 섬기기도 한다. 이기심을 채워 주는 것이라면 무엇이든 신으로 만들고 무릎 꿇고 빈다. 그들이 비는 대상은 이름도 없이 포괄적으로 천지신명이라고 부른다. 신이 어떤 능력을 갖고 있고 어떻게 능력을 발휘하는지도 모르면서 무조건 빌면 천지신

명이 해결해 준다고 믿는다.

　기도하고 잠시라도 희망을 가질 수 있다는 점은 다행이다. 그러나 희망은 두려움과 함께 다닌다. 기도 대상인 신을 제대로 모르기에 자신이 믿고 있는 신을 의심하기 시작하면 불안감이 싹트기 시작한다. 열심히 빌어도 일이 잘 풀리지 않는 것을 신의 저주라고 여기는 순간 이름 없는 신은 공포의 대상이 되어 두려운 존재로 돌변한다.

　이름 모를 신을 만들어 심정적으로 의존하고, 사고 판단의 기준으로 삼으면 그는 서서히 자신을 지배하는 우상이 되고 자신은 그의 노예가 된다. 막연한 신에 대한 믿음은 희망을 갖는 시간은 짧고, 자갈길을 맨발로 걷는 듯한 고행길은 길다.

　하나님이 주신 첫 번째 계명은 우상을 섬기지 말라는 말씀이다. 인간은 무엇인가 하지 말라는 말에 반감을 갖기도 한다. 하고 싶은 것을 마음대로 하려는 자유 의지와 내적 갈등을 겪는 탓이다.

　오늘날은 숭배의 대상이 자연물 숭배에서 돈과 명예와 권력, 그리고 이념 숭배로 옮겨 가고 있다. 숭배의 대상은 어느 사이 우상이 되고, 우리는 우상의 노예로 전락했지만, 애써 모른 척하고 살고 있는지도 모른다.

　매일 공기를 마시면서 공기에 대한 고마움을 잊고 지내듯이 하나님의 은혜로 살면서 하나님의 은혜를 잊고 사는 그리스도인이 많은 시대다. 하나님의 은혜가 있는 곳엔 우상이 머물 곳이 없다. 물이 가득들어 있는 컵에는 공기가 머물 곳이 없는 것처럼 말이다.

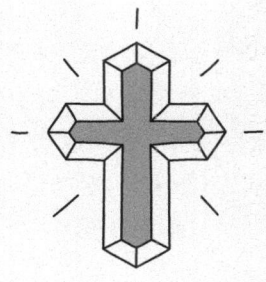

\*\*\*
"또 그리하여 네가 하늘을 향하여 눈을 들어
해와 달과 별들, 하늘 위의 모든 천체 곧 너희의 하나님 여호와께서
천하 만민을 위하여 배정하신 것을 보고
미혹하여 그것에 경배하며 섬기지 말라"
(신 4:19)

# 3
## 여호와의 이름을 망령되게 부르지 말라

"너는 나 외에는 다른 신들을 네게 두지 말라 너를 위하여
새긴 우상을 만들지 말고 또 위로 하늘에 있는 것이나
아래로 땅에 있는 것이나 땅 아래 물 속에 있는 것의
어떤 형상도 만들지 말며 그것들에게 절하지 말며 그것들을 섬기지 말라"
(출 20:3-5)

'오십 지천명(五十知天命)'이라는 말이 있다. 우리는 '사람의 나이가 오십이 되면 우주 만물을 지배하는 하늘의 명령이나 원리를 안다'라는 뜻으로 해석한다.

이에 반해 중국의 사전에는 오십 지천명(五十知天命)을 '사람은 나이가 오십이 된 후에야 내가 열심히 해도 원하는 결과를 얻을 수 없는 일이 있다는 사실을 안다'라는 의미로 해석한다. 중국인에게 나이 오십은 할 수 없는 일과 할 수 있는 일이 무엇인지 깨닫는 겸손한 모습으로 인생을 바라보는 나이다. 그러나 우리가 알고 있는 지천명(知天命)은 나이 오십이 되면 세상의 원리를 모두 이해하는 나이로 알고 있다.

한국 교회에 경고음이 들린다고 많은 교인들이 걱정하고 있다. 사이비 종교가 세력을 확장하고 정치에 영향력을 미칠 만큼 위세를 떨치고 있다. 교회와 성도 수가 줄어들고, 믿지 않는 자들에게는 조롱의 대상이 되기도 한다.

"귤이 회수를 건너면 탱자가 된다."라는 속담이 있다. 지천명(知天

命)이 회스를 건너와 탱자가 되었듯이 성경 말씀이 귤에서 탱자로 바뀌지 않았는지 돌아볼 때이다.

유대인은 나라를 잃고 박해를 받으며 정처 없이 전 세계를 떠돌면서도 굳건하게 믿음을 지켜 왔다. 그리고 오늘날 미국을 비롯한 세계 여러 나라에서 정치, 경제, 과학 등 많은 분야에서 두각을 나타내고 있는 데는 이유가 있다. 그것은 그들이 하나님 말씀을 이해하고 받아들이는 태도가 우리와 다른 독특한 점이 있기 때문이다.

"나 외에는 다른 신들을 네게 두지 말라"라는 말씀을 타 종교와 배타적 관계로 이해하면 타 종교에 적대감을 보이기도 한다. 그러나 유대인은 자녀들에게 하나님만이 왜 진실한 신인지를 가르친다. 친구들과는 진실한 신과 진실하지 못한 신을 구분하는 법을 서로 토론으로 학습하며 성장한다. 진실한 신과 거짓 신을 구분하는 사고는 삶의 현장에서 진실과 거짓을 분별하여 진실하게 살려는 노력으로 이어진다.

우상을 섬기지 말라는 말씀을 따르려면 자연물 앞에 절하지 않고 제삿날에 조상에게 절하지 않으면 된다고 우리는 생각한다. 이에 반해 유대인은 우상 숭배는 하나님과 또 다른 신을 섬기는 것이므로 이중 계약이다. 그러므로 신의를 지키고 이중 계약을 하지 말라는 말씀으로 자녀에게 교육한다. 하나님의 이름을 망령되게 부르지 말라는 말씀은 타인과 안일하게 보증이나 맹약을 하지 말라는 뜻으로 이해된다.

성경에서 필요한 부분만을 골라 주입하는 설교에 익숙한 한국 교회는 모래 위에 쌓은 성과 같다. 그 결과 오랫동안 신앙생활 한 성도조차도 이단 종파를 분별하지 못하고, 그들의 논리에 쉽게 현혹되고 있는지도 모른다.

***
"또 마음을 다하고 지혜를 다하고 힘을 다하여
하나님을 사랑하는 것과 또 이웃을 자기 자신과 같이 사랑하는 것이
전체로 드리는 모든 번제물과 기타 제물보다 나으니이다"
(막 12:33)

# 4
## 탐심은 우상 숭배니라

"욕심이 잉태한즉 죄를 낳고 죄가 장성한즉 사망을 낳느니라"
(약 1:15)

"그러므로 땅에 있는 지체를 죽이라 곧 음란과 부정과 사욕과
악한 정욕과 탐심이니 탐심은 우상 숭배니라"
(골 3:5)

표준국어대사전에 따르면 '욕망'은 '부족을 느껴 무엇을 가지거나 누리고자 탐함 또는 그런 마음'을, '욕심'은 '분수에 넘치게 무엇을 탐내거나 누리고자 하는 마음'을, '탐욕'은 '지나치게 탐하는 욕심'을 뜻한다.

욕망과 욕심은 인간의 중요한 특질 중 하나로 생명력의 원천이자 살아가는 힘이기도 하다. 욕망이 없었다면 오늘날의 문명도 없었을 것이다. 인간은 살아 숨 쉬는 한 욕망에서 벗어날 수 없다. 욕망은 인류가 철학적 사유를 시작한 후로부터 끊임없이 제기된 중요한 물음 중의 하나였다.

욕망이 과잉 표출 된 것이 욕심이라고 보면 욕망의 적절한 한계를 알아야 하는데 그 한계를 아는 일은 쉽지 않다. 또한 욕심이 분수에 넘치게 탐내거나 누리고자 하는 마음이라면 분수에 넘치는 경계가 어디까지인지 가늠하기도 어렵다.

십계명은 그 법이 무엇인지 설명하면서 넘지 말아야 할 한계를 밝

히고 있다. 간음하지 말라. 도적질하지 말라. 네 이웃의 집을 탐하지 말라 등 모든 계명이 우리가 살면서 지켜야 하는 분수의 경계를 넘지 말라고 명령하고 있다.

"돈과 권력에 욕심이 많다."라는 말 대신에 "돈과 권력에 관심이 많다."라고 표현하거나, "돈과 권력에 대한 욕구가 강하다."라고 표현하면 부담감 없는 어감으로 다가온다. 이처럼 '욕심'은 "욕심이 사납다.", "욕심이 눈을 가린다."라는 말처럼 때로는 부정적 의미로 사용하고 있는 말이기도 하다.

욕심을 품으면 죄를 짓게 된다는 말씀은 욕심의 대상에 대한 집착이 하나님과의 관계를 멀어지게 한다는 말씀이다. 사람은 욕심을 품게 되면 그 욕심에 끌려서 욕심이 우상이 되고 욕심의 종으로 전락하는 미련한 존재이기 때문이다.

우상은 밖에서 찾을 것이 아니라 내 안에서 찾아야 한다. 부수어야 할 우상은 부적이나 굿이 아니라 내 안의 탐심이다. 깨뜨려야 할 우상은 내 안에 가득한 탐욕이다. 우상을 교회 밖에서만 찾았던 까닭에, 통제받지 않은 채 거대하게 자라 버린 탐심이 하나님을 그저 인간들의 탐욕스런 요구에 자판기처럼 '물질의 복'을 쏟아 내는 저급한 신으로 전락시켜 버린 것은 아닌지 돌아보아야 한다.

분수에 넘치게 무엇을 탐내거나 누리고자 하는 욕망은 목표를 정하고 성취하고자 하는 욕구를 끌어내는 계기를 만들어 주기도 한다. 그러나 욕망을 경계해야 함은 욕망이 욕심을 가져와 사리 분별력을 잃고 발을 헛디며 하나님을 멀리하는 죄를 범하는 탐심에 쉽게 빠지기 때문이다.

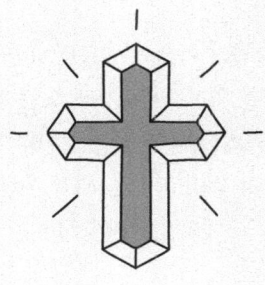

***
"그리스도 예수의 사람들은 육체와 함께
그 정욕과 탐심을 십자가에 못 박았느니라"
(갈 5:24)

# 5
## 우상을 멀리하라

---

"또 아는 것은 하나님의 아들이 이르러 우리에게 지각을 주사
우리로 참된 자를 알게 하신 것과 또한 우리가 참된 자
곧 그의 아들 예수 그리스도 안에 있는 것이니 그는 참 하나님이시요
영생이시라 자녀들아 너희 자신을 지켜 우상에게서 멀리하라"
(요일 5:20-21)

모세가 산에서 내려옴이 더디지자, 백성은 아론에게 "우리를 인도할 신을 만들라"(출 32:1)라고 요구했다. 아론은 백성에게 '금'을 가져오게 하여 '금송아지 형상'을 만들어 애굽 땅에서 인도하여 낸 하나님이라고 하며 그 앞에서 제단을 쌓고 번제와 화목제를 드렸다.

하나님께서 돌판에 직접 새겨 주신 계명이 도달하기도 전에 그들은 우상을 만들어 숭배했다. '우상 숭배'는 인간의 한계 때문에 필연적으로 생기는 죄인지도 모른다. 금송아지를 만들게 되는 시점을 보면 '두려움'이 자리하고 있다. '두려움'은 보이지 않는 감정의 영역이다. 보이지 않는 두려움을 극복하기 위해 보이는 금송아지 우상을 만들어 섬겼던 것은 두려움에 대한 인간의 한계를 보여 준다.

농사를 짓는 농부에게는 가뭄과 홍수가 두려운 존재였다. 이러한 두려움은 산과 강을 신성시하고 섬기는 대상으로 삼으면서 제사를 지내는 전통으로 이어져 왔다. 또한 바다로 나가 고기 잡는 어부는 높은 파도와 풍랑이 두려워 바다에 신이 존재한다고 믿고 해신을 만들

어 제사를 지냈다. 조상의 음덕으로 질병과 가난에서 벗어나 풍요와 건강한 삶을 살기를 간구하며 지내는 제사는 아직도 이어져 오고 있다.

우상은 욕망을 얻기 위해 만든 대상물이 사람이 원하는 바를 해결해 줄 것이라는 믿음에서 만들어진다. 그것은 외부에 존재하는 보이지 않는 어떤 힘이 우리의 삶에 깊이 간섭할 수 있다고 확신하는 믿음이다. 어린 시절 자주 듣던 "하늘도 무심하지."라는 탄식과 "벼락 맞아 죽을 놈."이라는 욕설은 외부에 존재하는 어떤 힘의 존재를 인정하는 인간의 모습을 보여 준다.

이러한 사고와 우상을 섬기는 문화에서 벗어나는 일은 그리 쉬운 일이 아니다. 주변 환경과 제도가 바뀌어도 의식 구조는 쉽게 바뀌지 않는 문화 지체 현상이 나타나기 때문이다.

한국의 기독교가 내적인 성장이 부족하다는 평판을 받고 있는 것은 우상을 섬기듯이 하나님을 원하는 것을 해결해 주는 컨설팅 전문가로 여기고 있기 때문인지도 모른다. 하나님을 자신의 문제를 해결하기 위한 수단적 존재로 여기는 믿음 말이다.

우상을 섬기지 말라는 십계명의 첫 번째 계명은 잘못된 허상에서 벗어나라는 피조물에 대한 창조주의 깊은 사랑이 담긴 말씀이다. "내가 아침 해가 뜨는 것을 보는 것처럼 기독교 진리를 믿습니다. 내가 그것을 볼 수 있기 때문이 아니라 그것 때문에 다른 모든 것을 볼 수 있기 때문입니다."라고 C.S.루이스는 말했다.

우상을 멀리하면 보이던 것이 보이지 않고, 보이지 않던 것이 보인다.

\*\*\*

"귀가 있어도 듣지 못하며 코가 있어도 냄새 맡지 못하며
손이 있어도 만지지 못하며 발이 있어도 걷지 못하며
목구멍이 있어도 작은 소리조차 내지 못하느니라
우상들을 만드는 자들과 그것을 의지하는 자들이
다 그와 같으리로다"
(시 115:6-8)

# 6
## 여호와 외에는 다른 이가 없다

> "나는 여호와라 나 외에 다른 이가 없나니 나 밖에 신이 없느니라
> 너는 나를 알지 못하였을지라도 나는 네 띠를 동일 것이요
> 해 뜨는 곳에서든지 지는 곳에서든지 나 밖에 다른 이가 없는 줄을
> 알게 하리라 나는 여호와라 다른 이가 없느니라"
> (사 45:5-6)

바벨론에 잡혀 있는 하나님 백성을 구원하시고, 하나님이 어떤 분인지를 고레스와 온 세상 사람들에게 알리는 도구로 고레스 왕을 택하시고 하신 말씀이다.

하나님은 왜 "나 외에 다른 이가 없나니 나밖에 신이 없느니라"라고 강조하여 말씀하시는 것일까. 그것은 인간이 무지함과 두려움, 욕망으로 끊임없이 우상을 만들어 신으로 섬기는 어리석음을 반복하기 때문이다.

인간의 본성에는 하나님을 갈망하는 마음이 있다. "창세로부터 그의 보이지 아니하는 것들 곧 그의 영원하신 능력과 신성이 그가 만드신 만물에 분명히 보여 알려졌나니 그러므로 그들이 핑계하지 못할지니라"(롬 1:20) 인간은 무지하여 만물에 심어 주신 하나님에 대한 갈망을 엉뚱하게도 만물이 자신을 구해 줄 신이라고 믿고, 스스로 만물을 우상으로 만들어 숭배한다.

자연의 이치를 제대로 이해하지 못하던 시대에는 가뭄, 홍수, 벼락

과 같은 자연재해의 두려움과 공포에서 벗어나기 위해 신을 만들었다. 그리고 풍요로운 결실을 기대하며 신을 만들었다. 성경에 등장하는 바알신은 비와 폭풍을 주관하는 풍요의 신이요, 농사의 신이었다.

욕망과 탐심을 채우기 위해 수단과 방법을 가리지 않고 살다 보면 마음속 한구석에는 우상이 똬리를 틀게 된다. 욕망과 탐심의 대상은 자신에게 절대적인 존재가 되고, 인간은 어느 순간 그에게 꼼짝 못 하고 종살이하는 신세로 전락한다.

종교 개혁자 루터는 신에 대하여 이렇게 정의하였다. "당신의 마음이 매달려 있고, 당신의 모든 것을 지탱하는 대상, 그것이 바로 당신의 신이다." 우리의 마음을 빼앗아 가는 것이 우상이고 신이라는 말이다. 돈, 권력, 명예, 사람, 이념에 마음을 빼앗기고 의지하면, 그것이 바로 자신의 신이라는 것이다.

오늘날은 돈과 물질 외에도 한번 빠지면 헤어 나오기 힘든 것들이 많은 세상이다. 휴대폰 사용, 유튜브 시청, SNS 이용 등은 우리의 마음을 빼앗아 새로운 상전 노릇을 하고 있다.

우리는 하나님 외에 모든 것을 상대화하고 도구화할 때 진정으로 인간답게 살 수 있다. 하나님만 바라보고 하나님 중심으로 나아갈 때 복잡하고 어수선한 마음이 정리되고 평안을 찾을 수 있다. 마음을 볼모로 잡는 것이 우리 주변에 많을지라도 하나님이 내 안에 거하시면 자유를 얻고, 새 힘을 얻은 독수리가 날개 치며 올라감 같을 것이다.

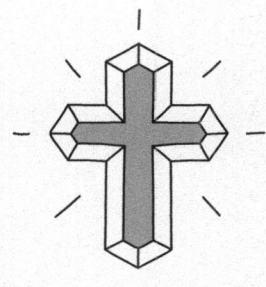

\*\*\*
"나 여호와가 말하노라 너희는 나의 증인,
나의 종으로 택함을 입었나니 이는 너희가 나를 알고 믿으며
내가 그인 줄 깨닫게 하려 함이라
나의 전에 지음을 받은 신이 없었느니라 나의 후에도 없으리라
나 곧 나는 여호와라 나 외에 구원자가 없느니라"
(사 43:10-11)

# 7장

## 그리스도인의 정체성

# 1
## 나는 하나님의 백성이다

"너희가 전에는 백성이 아니더니 이제는 하나님의 백성이요
전에는 긍휼을 얻지 못하였더니 이제는 긍휼을 얻은 자니라"
(벧전 2:10)

꼬마 감자가 어느 날 엄마 감자에게 "엄마, 나 감자 맞아?"라고 물었다. "당근이지."라고 엄마 감자가 말하자 꼬마 감자는 가출했다. 엄마 감자가 자기보고 "당근."이라고 말하자 정체성에 혼란을 느꼈기 때문이다. 얼마 후에 돌아온 꼬마 감자는 할머니 감자에게 "할머니, 나 감자 맞아?" 하고 물었다. 경상도 출신의 할머니가 "오이야(오냐)."라고 대답을 하자 꼬마 감자는 다시 집을 나갔다.

오늘날 많은 사람들이 "나는 누구인가? 나는 왜 이 세상에 존재하는가?"라는 질문에 답을 찾지 못하거나 생각 자체를 회피하려는 경향이 있다. 현실에 충실하게 살면서 돈 많이 벌어 잘 먹고 잘 입고 큰소리치며 사는 게 인생인데 그게 뭐가 중요하냐며 대수롭지 않게 여기기도 한다.

정체성은 삶의 이유와 목적을 분명하게 한다. 내가 해야 할 일이 무엇인지 깨닫고 비전 있는 삶을 살게 한다. 정체성을 분명하게 갖고 있으면 적극적이고 능동적인 인생을 살 수 있다. 정체성이 확고하면 힘 있게 살 수 있지만 정체성이 확실하지 않으면 가야 할 길을 잃고 불안과 혼란 속에서 방황하기 쉽다.

"다윗이 블레셋 사람에게 이르되 너는 칼과 창과 단창으로 내게 나아 오거니와 나는 만군의 여호와의 이름 곧 네가 모욕하는 이스라엘 군대의 하나님의 이름으로 네게 나아가노라'(삼상 17:45) 다윗이 골리앗 앞에 담대하게 설 수 있었던 것은 골리앗은 이방인이었지만 다윗은 하나님 백성이라는 확고한 정체성을 지니고 있었기 때문이다.

"다윗 왕이 여호와 앞에 들어가 앉아서 이르되 주 여호와여 나는 누구이오며 내 집은 무엇이기에 나를 여기까지 이르게 하셨나이까"(삼하 7:18) 다윗이 나단 선지자를 통해 "네 집과 네 나라가 내 앞에서 영원히 보전되고 네 왕위가 영원히 견고하리라 하셨다 하라"(삼하7:16)라는 하나님의 말씀을 전해 들은 후에 한 기도다. 다윗은 자신의 존재와 왕국의 근간이 하나님께 있음을 알고 있으면서도 축복의 말씀에 감격하여 하나님 앞에서 나는 누구냐며 자신의 정체성을 되묻고 있다.

사도 바울은 성경에 기록된 많은 서신의 서두에서 하나님의 부르심을 받은 그리스도의 종이요, 사도라는 확실한 자기소개로 자신의 정체성을 밝히고 있다.

무신론자였던 버트런드 러셀조차도 "신이 있다고 가정하지 않는 한, 삶의 목적에 대한 질문은 무의미하다."라고 말하며 인간의 정체성은 신의 존재에서 출발해야 한다고 역설했다. 그리스도인들은 자신의 정체성을 하나님과 예수님과의 관계에서 찾는 게 당연하다. "나는 하나님의 백성이다.", "나는 예수그리스도의 사랑에 빚진 자이다.", "나는 그리스도와 함께 십자가에서 죽었다.", "나는 그리스도를 믿는 믿음으로 산다."

정체성이 확실하면 신앙의 목표와 가는 길이 보인다.

***
"나 곧 나는 여호와라 나 외에 구원자가 없느니라
내가 알려 주었으며 구원하였으며 보였고
너희 중에 다른 신이 없었나니
그러므로 너희는 나의 증인이요
나는 하나님이니라 여호와의 말씀이니라"
(사 43:11-12)

# 2
## 심령이 새롭게 되어

"너희는 유혹의 욕심을 따라 썩어져 가는 구습을 따르는
옛 사람을 벗어 버리고 오직 너희의 심령이 새롭게 되어 하나님을 따라
의와 진리의 거룩함으로 지으심을 받은 새 사람을 입으라"
(엡 4:22-24)

'일일신 우일신(日日新 又日新)'은 '나날이 새롭게 하고 또 날마다 새롭게 하라'라는 의미다. 중국 탕왕이 세숫대야에 새겨 놓고 어제보다 나은 오늘을 살기 위해 매일 다짐했다는 글귀다. 세상이 지루하고 진부하다고 생각해 마음을 추스르고 변화된 삶을 살고자 할 때 떠오르는 말이다.

구태의연하고 안일한 삶에서 벗어나 새로운 모습으로 살고 싶은 마음은 누구나 갖고 있다. 진부한 생활에서 벗어나 더 나은 삶을 위해 노력하는 것은 아름다운 모습이다. 그러나 빨리 달리는 말이 좋긴 하지만 잘못된 방향으로 빨리 달린다면 아무 소용이 없다. 중요한 점은 변화의 방향이다.

성경에서는 새롭게 살고자 하는 사람이 가야 하는 방향을 말하고 있다. 성경이 제시하는 방향은 먼저 옛사람을 벗어 버리고 심령이 새롭게 되어 궁극적으로 새사람으로 거듭나는 것이다.

옛사람은 죄의 노예로 사는 사람이요, 썩어져 가는 구습을 따르는 사람이다. 매화꽃이 예쁘다고 매화나무에 달려 있으면 매실이 열릴

수 없다. 꽃이 떨어져야 열매를 맺을 수 있듯이 사탄의 유혹과 육신의 욕심으로 가득한 구습을 버려야 심령이 새로워지는 열매를 맺을 수 있다.

옛사람을 벗어 버린 후에는 심령을 새롭게 해야 한다. 죄의 껍질을 벗어던지고 심령이 새로워져야 다시 죄의 노예로 살지 않게 된다. 심령이 새롭게 된다는 것은 하나님을 따라 의와 진리의 거룩함으로 지으심을 받은 새사람으로 거듭나는 것이다.

꽃이 떨어진 후에도 열매가 잘 자라도록 돌보아야 하듯이 우리의 마음을 거룩한 성전으로 만들기 위해 말씀과 기도의 향기로 가득 채워야 한다. 그렇게 할 때 비로소 죄를 미워하게 되고, 믿음이 자라게 되어 새사람을 입게 된다.

새사람은 예수님을 믿어 죄사함을 받고 구원을 받아 의인이 되어 창조주 하나님이 지으신 본래의 자리로 돌아가서 의와 진리의 거룩함을 입은 사람이다.

새사람을 입는 것은 마음속으로부터 시작되며 내적이고 주관적인 체험이다. 그러므로 주변 상황에 영향을 받아 어느 순간 새사람의 모습은 사라지고 옛사람의 모습이 드러나기도 한다.

그러므로 하나님의 은혜로 새사람을 입었다고 해서 신앙이 완성되는 것은 아니다. 새사람은 성도가 가야 하는 방향이면서 묵묵히 걸어가야 하는 길이다.

*\*\*\**
"이에 예수께서 제자들에게 이르시되 누구든지 나를 따라오려거든
자기를 부인하고 자기 십자가를 지고 나를 따를 것이니라"
(마 16:24)

# 3
## 나는 예수님의 제자다

"나는 마음이 온유하고 겸손하니 나의 멍에를 메고 내게 배우라
그리하면 너희 마음이 쉼을 얻으리니"
(마 11:29)

"또 네가 많은 증인 앞에서 내게 들은 바를 충성된 사람에게 부탁하라
그들이 또 다른 사람을 가르칠 수 있으리라"
(딤후 2:2)

야구의 계절이 돌아왔다. 코로나19로 관중 입장은 제한되지만 MLB에서 활동하던 선수가 국내 리그에서 뛰게 되면서 야구팬들은 한층 기대감에 부풀어 있다.

팬은 어느 팀 또는 선수를 좋아하는 사람이다. 팬은 관람석에 앉아 팀을 열렬히 응원하지만 경기장에서 땀을 흘리며 경기를 하지 않는다. 좋아하던 팀의 성적이 저조하면 미련 없이 팀을 떠나기도 한다.

예수님이 떡과 물고기로 오천 명을 배부르게 하신 후에 예수님을 쫓는 자들이 많아졌다. 수많은 사람들이 예수님을 따라오자 "너희가 나를 찾는 것은 표적을 본 까닭이 아니요 떡을 먹고 배부른 까닭이로다"(요 6:26)라고 하시며 군중과 제자를 엄격하게 구분하셨다.

군중은 자기의 목적과 이익에 따라 예수님을 쫓는 무리다. 군중은 자신의 생각과 이익에 부합하지 않으면 언제나 예수님을 떠날 준비가 되어 있는 자들이다. 팬도 군중처럼 자기 취향에 따라 팀과 선수를 열광

적으로 응원하다가 마음에 들지 않으면 미련 없이 떠나는 사람들이다.

  제자의 성서적 의미는 예수님의 가르침을 따르는 자이며, 배우는 자이며, 그리스도를 믿는 자이며, 서로 사랑하며 섬기는 자이며, 세상으로 보냄을 받은 자이다.

  예수님의 제자가 되려면 예수님의 말씀을 따라야 하고, 닮아야 하고, 전해야 하는데 그게 누구나 할 수 있는 쉬운 일은 아니다. 예수님께서 영적 통찰력으로 기질과 성품까지 면밀하게 파악하시고 부르신 제자들도 예수님이 부활하신 후에 디베랴 호수에서 물고기를 잡고 있었다. 이때에 부활하신 후 세 번째 나타나신 예수님께서 시몬 베드로에게 "나를 사랑하느냐", "내 양을 먹이라", "나를 따르라"라고 하시는 말씀을 세 번 듣고서야 제자들은 본격적인 전도의 길을 나섰다.

  예수님의 부르심을 받은 제자들도 예수님 곁을 떠나기를 반복하다가 온전한 제자의 길로 들어섰는데 평범한 사람들이 예수님 제자의 길을 온전히 가기에는 녹록한 길이 아니다. 그렇지만 성도라면 반드시 가야 하는 길이기도 하다.

  『팬인가, 제자인가』의 저자 카일 아이들먼 목사는 제자의 길을 '행동'이 아니라 '정체성'의 문제로 파악하고 "나는 예수님의 팬이 아니다. 나는 예수님의 제자다."라는 자기 정체성의 확립으로 제자의 길을 갈 수 있다고 말한다.

  예수님 팬에 머무르지 않고 제자의 길을 가야 한다. 한국인의 정체성을 확립한 사람이 한국인답게 사고하며 살듯이 예수님의 제자라는 정체성을 확립한 사람이 그리스도인답게 생각하며 믿음 생활 할 수 있다. 나는 예수님의 제자다.

***
"그러므로 너희는 가서 모든 민족을 제자로 삼아
아버지와 아들과 성령의 이름으로 세례를 베풀고
내가 너희에게 분부한 모든 것을 가르쳐 지키게 하라
볼지어다 내가 세상 끝날까지 너희와 항상 함께 있으리라 하시니라"
(마 28:19-20)